"Este libro es una joya tina, que desea que su l experimenta una carre.. p... para construir relaciones auténticas y prósperas con otros, basadas en el mensaje de Dios de esperanza, perdón y gracia. Brinda consejo práctico y profundo a la mujer de fe en el mundo profesional".

—Jim Franz
Director, AGAPE (un socio de Opportunity
International en Colombia)

"Descubre o redescubre tu propósito en el trabajo. Para ser una agente de cambio que construye puentes relacionales, hay que leer este libro y ejecutar el reto que presenta".

—Paula A. Curtis
Presidenta y directora general,
Opportunity International Canada

"De forma práctica y amena, Rosemary Flaaten nos proporciona principios sólidos para nuestras relaciones laborales. Este libro es una joya y una gran herramienta para todas las mujeres que deseamos disfrutar, ser mejores personas y cumplir el propósito de Dios en nuestro trabajo. Disfruté mucho de la lectura de este libro, apliqué sus principios, ¡y ahora cosecho los buenos resultados!".

—E. Darling Sheppard
Maestría en Ciencias de la Educación
Maestra y coordinadora educativa

"Un libro excepcional que capta elocuentemente la variada gama de retos que las mujeres cristianas profesionales afrontan en el lugar de trabajo hoy día".

—Rebecca Kung, bscm
Gerente de adquisiciones,
International Oil and Gas Company

"Después de más de 40 años en el mundo laboral, ¡obtuve inspiración de esta estimulante lectura! Tanto si eres una jefa como si te han contratado recientemente, es seguro que encontrarás ayuda".

—Linda G. Hardin, DMin
Coordinadora general, Ministerio con mujeres,
Iglesia del Nazareno

"Es un libro muy apropiado para ayudar a la mujer en sus relaciones laborales. Cada una de las historias es parecida a nuestra propia realidad, ¡y la enseñanza de la vida de Esther es enriquecedora!".

—Mitzi Machado
Directora de operaciones, AGAPE
(Asociación General para Asesorar Pequeñas Empresas,
Barranquilla, Colombia)

"Este material debería ser de lectura obligatoria para cualquier mujer que entre en el mundo laboral, ya que te muestra cómo llevarte bien con cualquier persona".

—Florence Littauer
Autora de *Enriquezca su personalidad*

La MUJER en su LUGAR de TRABAJO

Construye relaciones sanas en tu vida laboral

ROSEMARY FLAATEN

Editorial
PORTAVOZ

La misión de Editorial Portavoz consiste en proporcionar productos de calidad —con integridad y excelencia—, desde una perspectiva bíblica y confiable, que animen a las personas a conocer y servir a Jesucristo.

Título del original: *A Woman and Her Workplace* © 2010 por Rosemary Flaaten y Beacon Hill Press de Kansas City. Traducido con permiso.

Edición en castellano: *La mujer en su lugar de trabajo* © 2013 por Editorial Portavoz, filial de Kregel Publications, Grand Rapids, Michigan 49501. Todos los derechos reservados.

Traducción: Belmonte Traductores, www.belmontetraductores.com

Ninguna parte de esta publicación podrá ser reproducida, almacenada en un sistema de recuperación de datos, o transmitida en cualquier forma o por cualquier medio, sea electrónico, mecánico, fotocopia, grabación o cualquier otro, sin el permiso escrito previo de los editores, con la excepción de citas breves o reseñas.

Todo el texto bíblico sin otra indicación ha sido tomado de la Santa Biblia, Nueva Traducción Viviente, © 2010 Tyndale House Foundation. Usado con permiso de Tyndale House Publishers, Inc., Carol Stream, IL 60188, Estados Unidos de América. Todos los derechos reservados.

EDITORIAL PORTAVOZ
P.O. Box 2607
Grand Rapids, Michigan 49501 USA
Visítenos en: www.portavoz.com

ISBN 978-0-8254-1251-6 (rústica)
ISBN 978-0-8254-0550-1 (Kindle)
ISBN 978-0-8254-8521-3 (epub)

2 3 4 5 / 17 16 15 14 13

Impreso en los Estados Unidos de América
Printed in the United States of America

Contenido

Reconocimientos	7
Prólogo por Galo Vásquez	9
Introducción	11
1. Construir el puente relacional	15
2. El orgullo derrotado por la humildad	33
3. El engaño vencido por la integridad	45
4. El enojo disipado por el perdón	57
5. El juicio disuelto por la gracia	71
6. La envidia rechazada por la celebración	85
7. Soy parte de un equipo	99
8. Yo soy la jefa	113
9. Yo *no* soy la jefa	131
10. Trabajo con él	145
11. Trabajo con ella	167
12. Hablar de tu fe	185
Epílogo	199
Notas	201

Reconocimientos

Este libro no se habría convertido en realidad de no haber sido por una multitud de mujeres cuya disposición a contar sus historias se convirtió en el ímpetu para el bosquejo final. Doy las gracias a cada una de ellas por haber hablado de las cosas buenas, pero también de las malas y de las feas. Admiro su valentía y su fortaleza.

Mi agradecimiento al ecléctico equipo de lectores que leyeron el manuscrito para ofrecer comentarios y ánimo: Karin, Barbara, Daisy, Tim, Len y Karen. Gracias también a quienes lo respaldaron y emplearon su tiempo para leer y ofrecer un apoyo tan fuerte. ¡Estoy profundamente agradecida!

Una mujer creyó en mí cuando lo único que yo veía eran mis deficiencias y mi confusión, y sacó tiempo de su apretada agenda para alentarme e impulsarme. Sus experiencias empujaron mi creatividad. ¡Gracias, Irene Pfieffer!

Florence Littauer: una frase dicha en el momento adecuado en una breve conversación que mantuve contigo se convirtió en la semilla para este libro. Me fue transmitido tu fervor por comunicar la verdad, y yo lo capté. Yo soy tu Timoteo.

Norlee, mi esposo y el amor de mi vida: eres mi más querido amigo, mi mayor animador y mi más riguroso editor. ¡Veinticinco años es solo el comienzo!

Doy las gracias a Beacon Hill Press de Kansas City, en particular a Bonnie, Judi, Barry y Jon. Su confianza en mí y su apoyo han sido verdaderamente una bendición. Son ustedes un equipo increíble.

Sin la inspiración infundida por el Espíritu Santo, este libro no se habría producido. Tengo un sentimiento de humildad por el llamamiento de Dios en mi vida.

Prólogo

¡Este libro es para todos! Trata temas y experiencias que son comunes en todas las culturas, incluyendo la de Latinoamérica, donde las personas son más expresivas y emocionales. Por consiguiente, los conflictos, las rupturas y las crisis en las relaciones interpersonales nos impactan profundamente y, en algunas ocasiones, no sabemos cómo resolverlos.

La mujer en su lugar de trabajo está escrito por una autora y conferencista canadiense, a quien tengo el privilegio de conocer personalmente, y que cuenta con un gran conocimiento sobre el tema. Se trata de Rosemary Flaaten. Este libro nos ayuda a identificar, además de los retos de nuestros temperamentos, personalidades, actitudes, la raíz que causa los conflictos en las relaciones diarias.

Rosemary es una mujer apasionada por la vida y por su fe cristiana, que tiene el llamado de ayudar a todas las personas a desarrollar relaciones dinámicas y productivas. En este libro, ella nos proporciona principios básicos y guías prácticas que pueden ayudarnos a lograr nuestro anhelo de desarrollar relaciones más positivas, significativas y duraderas.

Tomando como base la vida, el papel y la función histórica de un personaje bíblico, la reina Ester, Rosemary nos da soluciones bíblicas y eficaces para aplicar en el trato, la comunicación y las diversas formas de interacción con las personas a quienes rendimos cuentas o que están bajo nuestra responsabilidad. El libro cuenta también con aplicaciones prácticas y herramientas de estudio para cada capítulo, brindando así la oportunidad para comprendernos mejor y ayudarnos a mejorar nuestras relaciones con los colegas, familiares y amigos.

Al reflexionar en el contenido de *La mujer en su lugar de trabajo,* no puedo evitar pensar en la recomendación de Filipenses 4:8 que dice: "Y ahora, amados hermanos, una cosa más para terminar. Concéntrense en todo lo que es verdadero, todo lo honorable, todo lo justo, todo lo puro, todo lo bello y todo lo admirable. Piensen en cosas excelentes y dignas de alabanza".

Este libro, sin lugar a dudas, ¡te hará pensar y actuar!

Galo Vásquez
Fundador de VELA
[Visión Evangelizadora Latinoamericana]
Director de Ministerios Hispanos
de la Asociación Evangelística Billy Graham

Introducción

Mujeres trabajadoras. Parece redundante poner el adjetivo *trabajadoras* como una descripción de las mujeres. Todas las mujeres trabajan, y trabajan duro. Días de ocho horas serían un lujo. Desde antes del amanecer hasta mucho después del atardecer, las mujeres ponen sus manos en el arado proverbial para que las cosas se hagan.

Puede que pasemos nuestros días en una oficina en un rincón con buenas vistas, o nuestras noches limpiando oficinas. Quizás enseñamos a los adultos capacidades necesarias para la vida o cuidamos de ancianos. Puede que escribamos programas de computadora o que gobernemos una jurisdicción municipal. Quizá diseñamos puentes, o pasamos el día soldando el acero que mantiene unidos esos puentes. Ya sea que nuestros empleos exijan trabajo físico, destreza mental, ingenuidad creativa o sagacidad empresarial, en un momento u otro nos encontraremos batallando por construir relaciones sanas con aquellos con quienes trabajamos.

Somos mujeres normales y corrientes que nos levantamos cada mañana, cumplimos con nuestras responsabilidades en el hogar y después nos dirigimos a nuestros empleos. A veces trabajamos porque disfrutamos de lo que hacemos y nos sentimos personalmente realizadas; otras veces lo soportamos a fin de poder poner comida sobre la mesa. Nuestras familias y nuestras carreras parecen coexistir, pero en planos diferentes. Nos esforzamos por encontrar y mantener un equilibrio adecuado entre nuestra vida laboral y nuestra vida personal. Nos proponemos practicar nuestra fe en un mundo secular, a veces con el reto añadido de tener un jefe malhumorado o una plantilla beligerante. Quizá disfrutemos de algunas relaciones decentes en el trabajo, pero en general a esas relaciones les vendría bien alguna mejora. En cierto nivel sabemos que la salud de nuestras relaciones en el ambiente laboral afecta a nuestra capacidad para producir nuestro mejor trabajo.

Algunas de nosotras somos conscientes de nuestra tendencia a culpar a otros de nuestras inciertas relaciones en el lugar de trabajo, pero en nuestro interior sabemos que debemos aceptar la responsabilidad de lo que acecha en nuestros corazones y que afecta a nuestra capacidad de construir relaciones sanas. Si no nos ocupamos de nuestros propios problemas, se producirán relaciones tensas a lo largo de nuestra vida y tendrán efecto en el cumplimiento del potencial que Dios nos ha dado. Nuestro corazón es el que dirige nuestros actos y estimula la vida. Es nuestro corazón el que se siente lacerado cuando se pronuncian palabras dolorosas, o se aviva con agrado cuando las cosas van bien. Es nuestro corazón el que ama.

Las relaciones difíciles en el lugar de trabajo amenazan con erosionar, agrietar o destruir las conexiones que tenemos con nuestros compañeros de trabajo. Orgullo, engaño, enojo, actitudes críticas y envidia tienen el potencial de detener en seco nuestras carreras, arruinar nuestras relaciones y arrebatarnos nuestra salud emocional y espiritual. Por tanto, debemos estar preparadas para contrarrestar esas reacciones aportando medidas correctivas bíblicas a la mezcla. Al potenciar la humildad, el orgullo será derrotado, la integridad ocupará el lugar del engaño y el perdón vencerá el enojo. Aportar misericordia disolverá la crítica, y vivir una vida de celebración pondrá fin a la envidia. Permitir a Dios desarrollar su gran cambio en nuestro corazón nos capacitará para construir relaciones sanas en el ambiente laboral.

Se han escrito muchos libros para examinar las relaciones

Introducción

de hijas, madres, esposas, hermanas y amigas. Pero existe un vacío cuando se trata de las relaciones en el lugar de trabajo, en particular desde la perspectiva de lo que está sucediendo en los corazones de las mujeres mientras trabajan y se relacionan con los demás. Aplicar las verdades de Dios para cambiar nuestro corazón producirá sinergia en nuestras relaciones con Él y con nuestros compañeros de trabajo.

Es mi esperanza que este libro te lleve a una relación más profunda y más íntima con Jesús. Un corazón cambiado que pone a Dios en primer lugar y después busca amar a los demás tendrá un efecto profundamente positivo en tu lugar de trabajo.

1
Construir el puente relacional

Me sentía totalmente sola a pesar de estar rodeada de personas. No conocía a nadie, y nadie me conocía a mí. Estaba sentada en una sala con otros treinta miembros de la plantilla. Algunos eran nuevos contratados como yo, otros tenían suficientes años de experiencia para sentirse cómodos y otros estaban cerca de la jubilación. Yo sentía una mezcla de euforia y temor al comenzar mi primer empleo a jornada completa después de la universidad.

Estaba entrando en el ámbito de las relaciones en el lugar de trabajo.

Aquel primer día en el trabajo no solo me sentía poco preparada para enseñar mi clase inaugural a los alumnos de tercer grado, sino que también era plenamente consciente de que iba a necesitar capacidades de relación adultas por encima de lo que había necesitado hasta ese momento. Habría un conjunto totalmente nuevo de colegas en mi vida. Aquella experiencia inicial de trabajo me enseñó el efecto tremendo que las relaciones en el lugar de trabajo tendrían sobre mi capacidad de desempeñar mi trabajo, por no mencionar su efecto en mi bienestar emocional, físico y espiritual.

Yo suponía que muchos de mis nuevos compañeros de trabajo serían agradables, pero en realidad no tenía idea alguna de

La mujer en su lugar de trabajo

si yo le caería bien a alguno de ellos o de si me gustaría estar en su compañía. Algunos parecieron ser amigables inmediatamente, y otros parecían sentirse molestos. Yo temía que algunos de ellos hicieran que el trabajo como equipo fuese todo un reto.

Yo había pensado que hacer que el temario cobrase vida para alumnos de primaria sería la parte difícil, pero comencé a sospechar que trabajar con las personas que había en aquella sala iba a ser más difícil aún. A pesar de todo, estaba llena de entusiasmo e ingenuidad, así que me lancé a mi trabajo y comencé a formar nuevas relaciones.

Durante los seis años que trabajé en esa escuela, desarrollé muchas relaciones fuertes. Algunos compañeros de trabajo se convirtieron en amigos con los que disfrutaba de actividades después de la jornada laboral. Con frecuencia, almorzaba con algunos de mis compañeros de trabajo, y compartíamos parte de nuestras vidas unos con otros, pero esas relaciones nunca salieron más allá de las paredes del ámbito laboral. Otros eran agradables y simpáticos, y simplemente empleaban el tiempo y hacían el esfuerzo para realizar el trabajo. Recuerdo haber pasado la mayor parte de una tarde pensando y repitiendo una discusión que había tenido con una compañera de trabajo. Intentaba entender su punto de vista y lo que yo debería haber dicho de modo diferente. Temía encontrarme con ella al día siguiente. Ahora me estremezco cuando echo la vista atrás a mis débiles capacidades de relación durante aquellos primeros años en el lugar de trabajo.

En todos los puestos posteriores que he ocupado a lo largo de los años he aprendido mucho sobre cómo trabajar con las personas. Sin duda, sería maravilloso trabajar en un ambiente sano donde se aborden los problemas con rapidez y justicia. Sin embargo, la realidad es que nuestras relaciones en el lugar de trabajo son con frecuencia menos que ideales. Puede que trabajes en un ambiente en el cual dependas de un jefe que sea difícil de respetar. Puede que trabajes con miembros de la plantilla que hacen un gran esfuerzo esta semana solopara amotinarse la semana siguiente. Algunas de nosotras trabajamos junto a compañeros con diferentes personalidades de las que estamos acostumbradas a tratar, y eso no solo dificulta nuestra productividad, sino que también nos vuelve locas con frecuencia. Nuestras relaciones con compañeros de trabajo varones puede que presenten su propio conjunto de retos para nuestro bienestar emocional. Las mujeres con quienes trabajamos ocupan el abanico desde nuestras mejores amigas a nuestras mayores enemigas.

Las personas con quienes nos relacionamos en el trabajo afectan tremendamente a nuestra satisfacción en el trabajo, nuestra capacidad para producir resultados y nuestro bienestar general emocional, físico y espiritual. He escrito este libro para abordar la necesidad real: ¿cómo podemos construir relaciones en el lugar de trabajo que sean sanas y agradables a Dios?

Ingeniera civil

Yo estoy tan lejos como se pueda estar de ser el tipo de persona científica, analítica e ingeniera. Puedo hacer el balance de la chequera, pero si me hablas de aerodinámica o metafísica, mi mirada se vuelve indiferente. Permíteme proponer que en el lugar de trabajo adoptes el papel de una "ingeniera civil".

La palabra "civil" se refiere a los ciudadanos que pertenecen a una sociedad. Cuando dos individuos trabajan para la misma empresa o departamento, pertenecen a la misma "sociedad". La ingeniería civil es la disciplina de diseñar, construir y mantener tanto naturalmente como físicamente estructuras construidas, como los puentes. Metafóricamente, nuestro mandato como ingenieras civiles es el de diseñar, construir y mantener puentes de relación con los compañeros y compañeras de trabajo.

El problema que se plantea es que nos encontramos en el lado opuesto de un abismo relacional que nos separa de las personas con las que trabajamos. A fin de tener una relación, tiene que haber un puente que una esa separación en la relación. Al igual que un ingeniero civil considera el ambiente y la aplicación para los que servirá un puente, así debemos considerar la persona y el ambiente de la relación cuando escojamos el mejor método para construir un puente relacional. Algunos puentes se desarrollarán de modo natural; otros requerirán más tiempo y esfuerzo. Unos puentes pueden derrumbarse, mientras que otros soportan los torrentes y los terremotos relacionales que se producen con el tiempo. No hay dos puentes iguales. Factores tales como la distancia entre las riberas, la estabilidad del terreno y el propósito del puente afectarán todos ellos a su diseño. Así sucede también en las relaciones en el lugar de trabajo. Tenemos relaciones que se producen entre un jefe y la plantilla, y tenemos relaciones entre compañeros con hombres y mujeres. Algunas de ellas se transforman en amistades para toda la vida, mientras que otras siguen siendo superficiales y distantes. Como mínimo, necesitamos ser simpáticas y profesionales en nuestras relaciones. Cualquiera que sea la situación, una relación requiere un puente que conecte el abismo existente entre nosotras y la otra persona.

Comenzar con los cimientos

Cuando comenzamos un nuevo trabajo, nos enfrentamos a la enorme tarea de construir puentes relacionales desde los cimientos. Ya que no existen conexiones previas, tenemos la oportunidad de comenzar relaciones desde cero. Nos encontramos preguntándonos: *¿Cómo llegaré a llevarme bien con esta persona? ¿Cómo puedo aprender a relacionarme con las personas en este equipo, de modo que haga mi trabajo hasta el máximo de capacidad? Mi jefe es un verdadero misterio. ¿Cómo descubriré las demandas que están puestas sobre mis hombros?* Por intimidatorio que pueda parecer entrar en el lugar de trabajo donde todo el futuro presenta nuevas relaciones, el enfoque que adoptemos tiene el potencial de evitar que se formen patrones de relación poco sanos.

Cuando ya hemos estado trabajando con personas durante un período de tiempo y la conexión entre nosotros no es buena, será necesario trabajo extra para deshacer patrones de relación destructivos. Identificar lo que está erosionando la relación es

Construir el puente relacional

imperativo para poder abordar los problemas. Además, necesitaremos tomar decisiones en cuanto a qué elementos deberían añadirse para fortalecer esa conexión.

Independientemente del tipo de puente que haya que construir, ya sea que comencemos desde cero o realicemos trabajos de reparación, el lugar donde comenzar es el fundamento. Existen muchos recursos sobre mejores prácticas empresariales y teorías en cuanto a construir equipos fuertes. Hay también escritores que escriben desde una perspectiva psicológica para ayudarnos a entender a las personas que nos rodean. Aunque reconozco que esas prácticas, teorías y perspectivas tienen su lugar en la construcción de relaciones, yo no las utilizo como el material para sentar las bases. El fundamento relacional debe estar arraigado en una relación con Dios. Creo que las enseñanzas de Jesús sobre las relaciones pueden cambiar el modo en que nos relacionamos, y darán como resultado sanas relaciones en el lugar de trabajo.

A riesgo de ser rechazada por quienes dirían que este enfoque no tiene nada que ofrecer y que es otro ejemplo sin sentido de "la respuesta correcta es siempre Jesús", te reto a abrir tu corazón a las verdades bíblicas que se presentan en estas páginas. Estas ideas, sin duda, no se han originado en mí; provienen de las santas palabras de las Escrituras. Cuando ponemos a Dios en su legítimo primer lugar, la ideología que sigue la enseñanza bíblica será afirmada.

Si tuviéramos que tipificar a Dios con una sola característica y el efecto de su presencia en nuestras vidas, se reduciría a lo siguiente: *amor*. Cuando preguntaron a Jesús qué mandamiento era el más importante, Él redujo la lista a: "'Amarás al Señor tu Dios con todo tu corazón, con toda tu alma y con toda tu mente'. Este es el primer mandamiento y el más importante. Hay un segundo mandamiento que es igualmente importante: 'Amarás a tu prójimo como a ti mismo'" (Mateo 22:37-39).

Más adelante en el Nuevo Testamento, Pablo hace esta afirmación: "Tres cosas durarán para siempre: la fe, la esperanza y el amor; y la mayor de las tres es el amor" (1 Corintios 13:13). El

La mujer en su lugar de trabajo

apóstol Juan la precisa diciendo: "Dios es amor" (1 Juan 4:16). Por tanto, cuando Él se derrama en nuestros corazones que le reciben, se derrama en amor. Piensa en esto como hormigón de la mayor calidad que puede derramarse en pilotes para crear los cimientos más firmes. Dios nunca es tacaño con la cantidad de amor que nos otorga. Nuestros corazones pueden estar rebosantes de su amor, y, de esa abundancia, estaremos llenas de amor para transmitirlo a nuestros compañeros y compañeras de trabajo.

Puede que te resistas a la idea de amar a tus compañeros de trabajo cuando apenas puedes tolerar a algunos de ellos. Amamos a nuestros padres, cónyuges, hijos y mejores amigos; pero no a todos nuestros compañeros de trabajo. El problema de esta perspectiva miope de dar amor solo a nuestras relaciones más cercanas es el hecho de que las Escrituras nos ordenan transmitir el amor que nos ha sido dado. Jesús llegó hasta el extremo de decirnos que amemos a nuestros *enemigos*. En el lugar de trabajo, eso incluiría al terrible jefe, el hombre que es insoportable, la mujer que critica, el perezoso que acaba de llegar y el conserje intratable. ¿Cómo podemos amar el chocolate o una nueva blusa de seda, pero no a las personas que Dios creó a su propia imagen? ¿Cómo puede verse este amor de Dios en el lugar de trabajo?

Podría llenar muchas páginas intentando describir el amor, pero mis intentos serían insuficientes. Por tanto, utilicemos 1 Corintios 13 para describir el amor en la vida real:

- El amor es paciente.
- El amor es bondadoso.
- No tiene envidia.
- No es fanfarrón.
- No es orgulloso.
- No es ofensivo.
- No exige que las cosas se hagan a su manera.
- No se irrita fácilmente.

- No lleva un registro de las ofensas.
- El amor no se alegra de la injusticia sino que se alegra cuando la verdad triunfa.
- Siempre protege.
- El amor siempre confía.
- El amor siempre espera.
- El amor siempre persevera.

A continuación está la misma lista revisada para aplicarla al lugar de trabajo: la realidad diaria de cubículos, la cafetería de la empresa, reuniones de plantilla y viajes de negocios:

- Porque amo a las personas con quienes trabajo, nunca las abandonaré.
- Me preocupo más por los demás en mi lugar de trabajo que por mí misma.
- Porque escojo amar a mis compañeros de trabajo, no querré lo que ellos tienen.
- Porque me preocupo por mis compañeros de trabajo, no alardearé de mis éxitos.
- Porque me preocupo por mis compañeros de trabajo, no me impondré yo misma ni mis ideas en otros.
- Porque me preocupo por mis compañeros de trabajo, no insistiré en ser "yo la primera".
- Porque me preocupo por mis compañeros de trabajo, no perderé los estribos.
- Porque me preocupo por mis compañeros de trabajo, les perdonaré y no llevaré un registro de sus ofensas contra mí.
- Como forma de mostrar que me preocupo, no disfrutaré cuando a otros les vaya mal.
- Como forma de mostrar que me preocupo, me alegraré solo en la verdad.
- Incluso cuando sea realmente difícil, escogeré soportar todo lo posible sin poner en un compromiso los valores del lugar de trabajo o mi responsabilidad.

La mujer en su lugar de trabajo

- Reconozco que el interés aumenta a medida que confío en Dios.
- Decido tener cuidado con la crítica reservándola para comentarios constructivos, y mostraré interés buscando siempre lo mejor en los demás.
- Porque me preocupo, no me permitiré a mí misma quedarme en el pasado.
- Con la ayuda de Dios, no dejaré de mostrar interés por mis compañeros de trabajo.

He intercambiado las palabras *amor* y *preocupación/interés* con un motivo. En el lugar de trabajo, rara vez es apropiado expresar tu amor por tus compañeros de trabajo. Por ejemplo, si tuviéramos que ir mucho más allá de nuestra carga de trabajo designada para ayudar a un compañero con una tarea, y él o ella preguntasen por qué lo hemos hecho, probablemente no sería adecuado decir: "Porque te amo". Pero sin duda podríamos hacer saber a la persona que vimos lo grande que era la tarea y que nos preocupaba que estuviera afectando a su salud emocional y física. Debido a que queríamos que nuestro compañero o compañera de trabajo tuviera éxito en la tarea para continuar estando sano, decidimos ayudarle.

No necesitamos anunciar que amamos a las personas con quienes trabajamos o ni siquiera que estamos intentando amarles. Simplemente, al mantener nuestros corazones abiertos a Dios de modo que su amor siga llenando nuestros corazones, ese rebosar nos dará el amor que necesitamos para interesarnos por quienes nos rodean. Nuestra capacidad de interés comienza con una actitud de corazón que se evidencia en las acciones.

Crear un muelle de confianza

Una vez que tenemos la relación fundamental con Dios y somos dependientes de ser llenos de su amor para transmitirlo a otros, ahora estamos preparadas para construir una plataforma o muelle en medio del abismo. Este muelle es la confianza, y

Construir el puente relacional

la confianza descansa sobre el fundamento de una relación con Dios y el amor que produce. Es esencial para todas las relaciones, no solo las relaciones en el lugar de trabajo. Tanto si nos relacionamos con supervisores, plantilla o compañeros, cuando trabajamos con otros lo hacemos como parte de un equipo. Esta cita del libro de Patrick Lencioni, *Las cinco disfunciones de un equipo* se refiere concretamente a los equipos, que son los grupos de personas con quienes trabajamos:

> La confianza está en el centro de un equipo cohesionado y que funciona. Confianza es la seguridad entre los miembros del equipo de que las intenciones de sus compañeros son buenas, y de que no hay razón alguna para ser protector o cauto en el grupo. En esencia, los compañeros de equipo deben estar cómodos con estar expuestos los unos a los otros.[1]

Lencioni pasa a decir:

> Es solamente cuando los miembros del equipo están verdaderamente cómodos al estar expuestos los unos a los otros que comienzan a actuar sin preocuparse de protegerse a sí mismos. Como resultado, pueden enfocar su energía y atención por completo en el trabajo que realizan, en lugar de ser estratégicamente falsos o políticos unos con otros.[2]

Entonces él da una lista de los atributos que muestran los miembros de equipos que confían unos en otros y esta lista tiene una gran similitud con la lista de atributos del amor de 1 Corintios 13 que acabamos de examinar:

- Admiten debilidades y errores.
- Solicitan ayuda.

La mujer en su lugar de trabajo

- Aceptan preguntas y comentarios sobre sus áreas de responsabilidad.
- Se dan unos a otros el beneficio de la duda antes de llegar a una conclusión negativa.
- Asumen riesgos al ofrecer comentarios y ayuda.
- Aprecian y aprovechan las capacidades y experiencias de los demás.
- Enfocan tiempo y energía en asuntos importantes, y no en política.
- Ofrecen y aceptan disculpas sin vacilación.
- Esperan reuniones y otras oportunidades para trabajar como grupo.[3]

Transmitir amor e interés en nuestras relaciones en el lugar de trabajo creará un ambiente donde se construya la confianza. La confianza es el muelle central que descansa sobre nuestro fundamento en Dios, y es el puente que atraviesa el abismo relacional. Si no hemos creado un ambiente de confianza, el puente relacional se derrumbará.

Factores erosivos

Desdichadamente, no vivimos en un mundo perfecto. Si lo hiciéramos, nuestras relaciones con los demás serían siempre sanas; no habría nada amenazador que minase, derribase o destruyese el puente relacional.

Al diseñar un puente, el ingeniero debe considerar los factores que erosionarán sus cimientos, haciendo presión en el puente. Relacionalmente, habrá similares dinámicas amenazadoras en juego, dependiendo de si nos estamos relacionando con el jefe, los empleados o compañeros de trabajo varones o mujeres. Los ingenieros son buenos para realizar algo denominado "análisis de la causa raíz". Cuando el público general ve un puente desplomado y especula sobre si el derrumbe fue debido a un camión sobrecargado o un ingeniero de diseño negligente, un ingeniero experimentado puede ser capaz de rastrear la causa hasta la corrosión de muchos remaches pequeños debido a no seguir el programa de mantenimiento prescrito.

Recuerdo ver con horror el derrumbe de un puente interestatal que recorría el río Mississippi en Minneapolis en el año 2007. Parecía inconcebible que un puente pudiera parecer ser firme y plenamente funcional y que después se derrumbase sin advertencia previa, provocando caos, destrucción y muerte. También recuerdo el potente terremoto que sacudió la zona de la bahía de San Francisco, causando que autopistas y puentes quedasen destruidos.

En ambos casos, los reporteros de televisión en el lugar de los acontecimientos hicieron profundas afirmaciones sobre la magnitud del desastre y planteaban preguntas sobre cómo algo tan destructivo podría haberse evitado.

La misma y profunda observación podría también hacerse con respecto a nuestras relaciones. *¿Por qué estamos hechos un desastre? ¿Cómo nos metimos en tal caos relacional?* En un momento todo parece ir bien; entonces, de repente, el puente relacional comienza a derrumbarse. La causa puede ser algo de la magnitud de un terremoto que sacude e incluso destruye la relación. O, por el contrario, puede ser una cadena pequeña y aparentemente insignificante que produce la erosión y el derrumbe.

A fin de responder la pregunta sobre por qué estamos hechos un desastre, necesitamos recrear el derrumbe de las relaciones en el principio del tiempo en el huerto de Edén. En la creación, Dios diseñó las cosas para que estuviesen en armonía. Adán y Eva tenían la relación perfecta, y vivían en armonía con Dios, el uno con el otro y con la naturaleza. En ese ambiente perfecto, Dios caminaba con ellos y derramaba sobre ellos su bondad y su paz. Era el paraíso.

Entonces se produjo la caída, y el pecado se incorporó a la ecuación. En lugar de ser abiertos y receptivos para permitir el libre fluir entre Dios y ellos mismos, Adán y Eva se avergonzaron y se retiraron. En lugar de estar enfocados en Dios y el uno en el otro, se enfocaron en sí mismos. En lugar de estar sin pecado y en perfecta armonía con Dios, orgullo, engaño, ira, juicio y envidia se introdujeron en sus relaciones. La caída creó un importante cambio en la interacción humana. Ese cambio ha causado una fractura permanente en nuestras relaciones que ha hecho que la integridad de nuestros puentes relacionales esté en riesgo.

El análisis de la causa raíz de nuestros problemas de relaciones no señala a nuestro ambiente de trabajo, a nuestras deficiencias en la niñez o ni siquiera a las personas insoportables que trabajan cerca de nosotros. La causa raíz de los problemas de relaciones es el pecado. Primero necesitamos pedir a Dios que examine nuestro corazón para ver si hay algún camino de perversidad en nosotras y que nos muestre el efecto que tiene en nuestras relaciones. Esto no es fácil, y nuestra tendencia es ver el problema como el resultado de los caminos malvados en *los demás*.

Nuestro propio pecado puede que no sea el único factor que contribuye al problema, porque otras personas también aportan su pecado a la ecuación relacional. Esto hace que sea muy fácil reunir evidencia contra otra persona y culparla. También es más fácil enfocarse en los errores de otros que enfocarse en el bien que Dios está obrando en su interior. Sin embargo, hasta que podamos ver más de la bondad de Dios dentro de ellos que el pecado en su interior, tendremos pocos deseos de construir un puente hacia esas personas. En efecto, les damos muy poco valor.

Cuando leemos las Escrituras y vemos el valor que Cristo daba a ladrones, prostitutas y mentirosos, ¿cómo podemos nosotras, que no somos Dios, dar un valor menor que Él a nuestros compañeros de trabajo? Necesitamos hacer la misma oración que el rey David: "Examíname, oh Dios, y conoce mi corazón, pruébame y conoce los pensamientos que me inquietan. Señálame cualquier cosa en mí que te ofenda y guíame por el camino de la vida eterna" (Salmos 139:23-24).

Los problemas tóxicos en las relaciones, causados por nuestro propio pecado al igual que el de los demás, impregnan nuestro lugar de trabajo y amenazan con erosionar nuestros puentes relacionales. Son dominantes y reales, y pueden arruinar nuestras relaciones, arrebatarnos nuestra salud emocional y espiritual y detener en seco nuestras carreras. Debemos estar preparadas con una estrategia que contrarreste los efectos de esos problemas relacionales. Así como nuestros intentos de crear un amor humanamente ideado serán deficientes, también nuestros intentos de arreglar nuestras relaciones serán insuficientes, en el mejor de los casos. "Dios no envió a su Hijo al mundo para condenar al mundo, sino para salvarlo por medio de él" (Juan 3:17). Ese es un remedio relacional: salvar el mundo para contrarrestar los efectos del pecado.

Medidas correctivas

Identificar el problema raíz y conocer la solución no significa que se construyan puentes relacionales sanos. Simplemente pensar en una solución para el problema no es suficiente; debe ponerse en práctica. "La fe por sí sola no es suficiente. A menos que produzca buenas acciones, está muerta y es inútil" (Santiago 2:17). Un ingeniero sabe que añadir acero a un puente puede mejorar su fuerza. ¡Qué absurdo sería simplemente añadir el acero como una característica decorativa en lugar de como un medio de mejorar su capacidad de soportar peso!

Lo absurdo de esa decisión es similar a lo que Cristo dijo al final de su Sermón del Monte. Estas son sus palabras:

> Así que, ¿por qué siguen llamándome "¡Señor, Señor!" cuando no hacen lo que digo? Les mostraré cómo es cuando una persona viene a mí, escucha mi enseñanza y después la sigue. Es como una persona que, para construir una casa, cava hondo y echa los cimientos sobre roca sólida. Cuando suben las aguas de la inundación y golpean contra esa casa, ésta queda intacta porque está bien construida. Pero el que oye y no obedece es

como una persona que construye una casa sin cimientos. Cuando las aguas de la inundación azoten esa casa, se derrumbará en un montón de escombros (Lucas 6:46-49).

La verdad de Dios, cuando obra en nuestros corazones, nos da las medidas correctivas para contrarrestar el pecado. Si ponemos en práctica las medidas correctivas que Él ofrece, experimentaremos un cambio relacional. "No solo escuchen la palabra de Dios, tienen que ponerla en práctica. De lo contrario, solamente se engañan a sí mismos" (Santiago 1:22).

El puente que Jesús construyó

El amor de Dios es inagotable, ilimitado e indescriptible. Las personas que nunca han experimentado el amor de Dios tienen sed de él. Lo tenemos en nuestro interior, no a causa de algo que nosotros hayamos hecho para merecerlo sino simplemente porque mientras aún éramos pecadores, Cristo mostró su gran amor por nosotros al morir por el perdón de nuestros pecados (Romanos 5:8). El abismo entre un Dios santo y nosotros, que fue creado por nuestro pecado, puede tener un puente solo mediante Jesús. El diseño de este puente relacional tiene forma de cruz. Dios no desea que nadie termine esta vida en la tierra sin tener una relación con Él. Su intención es que todas las personas escojan salvar el abismo aceptando el sacrificio de Jesús en la cruz. Si estás leyendo este libro y sabes que el abismo entre Dios y tú permanece, pide su perdón y acepta el regalo de amor que Él te ofrece. Es así de sencillo. Confiesa. Acepta. Cree.

En este libro oirás mucho sobre Ester, que vivió hace más de veintiún siglos. También oirás de muchas mujeres del siglo XXI que son nuestras homólogas en la actualidad. Aunque Ester y las mujeres actuales son de dos épocas distintas y dos culturas diferentes, la sinergia en sus historias es notable. Ester aceptó los retos de la vida, como tú y como yo; Ester conocía el aguijón de la dificultad y el dolor, como tú y como yo; Ester sabía lo que era enfrentarse al temor y tomar decisiones arriesgadas que requerían más de ella de lo que ella pensaba que tenía, como tú y como yo.

Tú y yo y Ester nos hemos encontrado en papeles y situaciones que nunca esperábamos. Representamos a miles, incluso millones, de mujeres a lo largo de las épocas que han aceptado retos relacionales laborales que amenazaban con derrumbarlas. En lugar de permitir que la vida nos derrote, sin embargo, aceptamos el reto de elevarnos con valentía y marcar una diferencia.

La historia de Ester

Muchos de los ejemplos bíblicos que he escogido provienen de la historia de Ester. Ella era una huérfana culturalmente desplazada que llegó a ser reina, y que vivió hace más de veintiún siglos. Puedes quejarte de que Ester no tiene nada de valor que decir a las mujeres que han empleado una gran cantidad de trabajo duro para lograr llegar a los empleos auténticos a los que cada una de nosotras acude cada día. Nuestra realidad se contrapone con esta reina de la belleza. Una mujer respondió a la idea de ver a Ester como un modelo a seguir, preguntando sinceramente: "¿Puedes decirme por qué piensas que Ester es un modelo para las mujeres en el lugar de trabajo hoy día? Yo puedo verla teniendo algo que decir a las concursantes en el programa 'El Soltero', y admiro la valentía de Ester, pero el resto se parece a una exageración entre culturas. ¿Cuántas veces somos llamadas a ahorcar a nuestros enemigos, acostarnos con el jefe o comenzar una masacre?".

Te animo a que leas la historia de Ester con una mente y un corazón abiertos para descubrir el modo en que ella manejó los dilemas de su vida y el efecto que sus decisiones tuvieron en sus relaciones. El lugar de trabajo de Ester estuvo compuesto por una casa de acogida, un palacio, un dormitorio real y una nación dividida. Sin embargo, su tarea como reina de Persia no es necesariamente más importante en el curso de la historia que tu actual situación laboral.

Las Ester de la actualidad

Al lado de Ester estamos tú y yo. Nosotras representamos a millones de mujeres a lo largo de las épocas que han aceptado el reto de desarrollar fuertes relaciones y, por medio de ellas, han tenido efecto en nuestros mundos. Pasaremos tiempo descubriendo, aprendiendo y celebrando nuestras historias. Esas historias podrían ser tu historia.

Yo he tenido diversas relaciones de trabajo a lo largo de mi vida. He trabajado con trabajadores agrícolas; he cuidado de ancianos y discapacitados al lado de la plantilla de limpieza y de enfermería; he enseñado junto con maestras en Canadá, Haití y África; he ministrado al lado del equipo pastoral en iglesias pequeñas y muy grandes; y he colaborado con varios oradores profesionales, expertos en mercadeo y la plantilla de una editorial. Además de escribir y hablar, actualmente trabajo de modo voluntario con un ministerio, Professional Women's Network, que alienta a las mujeres que trabajan dentro del ambiente empresarial a profundizar sus relaciones con Dios y con los demás. Algunas de mis tareas han sido bastante monótonas, y otras veces técnicamente exigentes. El elemento que hizo que esos trabajos siguieran siendo interesantes, exitosos y duraderos fue el de las relaciones.

Me encantaría poder decir que cada relación que he tenido en el lugar de trabajo ha sido fuerte y vigorizante; pero yo, al igual que tú, he batallado para hacer que esas relaciones fuesen sanas. Cuando recuerdo las muchas y diversas personas con las que he trabajado, obtengo una mezcla de alegría y lamento. Sin embargo, llega la esperanza cuando permito que Dios obre un cambio en mi corazón que me transforme para ser más semejante a Él. Entonces, aprovecho las oportunidades que Él presenta para construir puentes de relación, y desarrollo relaciones con personas donde anteriormente había un abismo inabordable. Esto crea la oportunidad de tener un legado relacional positivo.

Construir el puente relacional

Muchas veces he pensado inicialmente que el efecto se producía solo en mi vida, pero al mirar atrás puedo ver que Dios me situó en esas posiciones "para un momento como este" (Ester 4:14). Todas hemos recibido capacidades y habilidades para prepararnos a fin de cumplir nuestro llamamiento a lograr una tarea y a construir puentes relacionales. A medida que nuestra relación con Dios se vuelva más íntima, nos sentiremos animadas a ver que nuestras relaciones con los demás se hacen más profundas, impulsándoles así a ellos a abrirse a Dios (Mateo 5:16). Una relación más profunda con Dios y con los demás es nuestro llamado supremo.

En los capítulos que siguen investigaremos cinco pecados (orgullo, engaño, enojo, juicio y envidia) y los devastadores efectos que tienen en las relaciones. Cada uno de estos patrones de relación, que fueron heredados desde Adán y Eva, erosionará el fundamento del plan de Dios. Si no se mantienen a raya, pueden incluso destruir relaciones.

Pero hay esperanza. Las Escrituras ofrecen medidas correctivas que, si se aplican a nuestras relaciones, construirán y mantendrán relaciones sanas.

Versículos para el estudio
Mateo 22:37-39
1 Corintios 13:13
Santiago 1:22
1 Juan 4:16
Romanos 5:8
Juan 3:17
Ester 4:14
Santiago 2:17-26
Mateo 5:16

La mujer en su lugar de trabajo

Preguntas para la reflexión

1. Identifica a personas de tu lugar de trabajo pasado o presente, de tu trabajo voluntario o de tu comunidad con las que hayas tenido una relación difícil. Intenta hacer una lista que identifique los problemas que ellos aportaron a la relación y los problemas que aportaste tú. Recuerda que los problemas llegarán desde ambos lados.

2. Identifica qué parte de mostrar interés amoroso a tus compañeros de trabajo es difícil. ¿Dónde sientes que hay resistencia a este principio?

3. ¿Qué haces en las relaciones en tu lugar de trabajo que impulse a los demás a que se abran a ti?

2
El orgullo derrotado por la humildad

La sala estaba llena de personas y de conversación. Todo aquel que era alguien había sido invitado. Yo me sentía bastante bien porque mis logros y mis relaciones me habían permitido tener un asiento en aquel acontecimiento. Me había comprado un traje nuevo para asegurarme de encajar en el ambiente. A decir verdad, esperaba que mi traje nuevo me ayudase a destacar un poquito por encima del resto.

Con mis hombros rectos, mi barbilla alta y una ligera arrogancia en mi caminar, crucé la sala hacia donde estaban los aperitivos. Cuando me acercaba a esa parte de la sala, divisé a una colega, alguien a quien yo esperaba impresionar. Después de detenerme unos instantes para seleccionar una variedad de manjares, me giré para ir en dirección a ella. Mi burbuja de ensimismamiento no me permitió tener los recursos para percatarme de las personas que me rodeaban y que también podrían estar enfocadas en llegar a algún otro lugar de la sala. Digamos que la comida que había en mi plato se encontró con la comida de ella, y el resultado fue humillación en bandeja.

Yo capté en seguida la atención de todos, pero no fue debido a mi elegancia, mi vestido, mis capacidades o mis credenciales.

Me había tropezado con mi orgullo. Bolitas de espinaca, salsa de marisco y un toque de chocolate decoraban entonces mi vestido nuevo. Mi sentimiento de superioridad descendió en picado, y me di cuenta de que, sin duda, el orgullo había llegado antes de la caída.

Orgullo. Arrogancia. Vanidad. Egocentrismo. La lista nos deja con un gusto desagradable, y sin embargo, si somos sinceras, todas llevamos en nosotras cierto grado de vanidad. Los psicólogos afirmarían que requerimos cierta cantidad de orgullo y de sentimiento de autoestima para abordar los retos de la vida. Estoy de acuerdo, pero también he descubierto que hay una línea muy fina entre una autoestima sana y un hinchado sentimiento de importancia.

Los intentos que hacemos de hinchar nuestras capacidades, nuestra importancia y nuestra valía están arraigados en el temor a no tener lo que se necesita. Si miramos de nuevo al huerto de Edén, la serpiente plantó semillas de duda en las mentes de Adán y Eva en cuanto a que se pudiera confiar en Dios. Dejó caer que a ellos les iría mejor si se ocupaban de las cosas por sí mismos (ver Génesis 3:1-5). Esas semillas de duda echaron raíces, y lo que se desarrolló en la humanidad fue el *orgullo*. El orgullo evita que admitamos nuestra necesidad de una continua dependencia de Dios.

De modo consciente y subconsciente, buscamos maneras de confirmar que debe de haber algún modo de hacer que la vida funcione sin Dios. Cuando las cosas van bien, eso reafirma nuestra independencia y la suposición de que en realidad no le necesitamos a Él. Cuando las cosas van cuesta abajo, creemos la mentira de que quizá la vida sería mejor si no tuviésemos que intentar aplacar a Dios. Hacia dondequiera que vayamos, el orgullo parece estar esperando para hacernos tropezar, para llevarnos a la independencia o para carcomer el sentimiento de valía que Dios nos ha dado. El Salmo 10:4 dice: "Los malvados son demasiado orgullosos para buscar a Dios; parece que piensan que Dios está muerto".

El orgullo derrotado por la humildad

Del mismo modo en que ese amor que Dios derramó en nuestros corazones rebosa en forma de interés por las personas que nos rodean, así también el orgullo que nos separa de Dios tendrá efectos devastadores en nuestras relaciones horizontales.

La historia de Érica

Érica había trabajado duro en su puesto en un prestigioso bufete de abogados. Había ascendido las categorías, principalmente porque era conocida por su diligencia y su buena atención al detalle. Recientemente había recibido un ascenso que conllevaba la responsabilidad de implementar veinte proyectos diferentes, una tarea que anteriormente llevaba a cabo su jefe.

Con una elevada confianza y un tímido sentimiento de independencia, Érica se propuso lograr esas tareas. Las primeras diecinueve fueron realizadas impecablemente. Su éxito parecía resplandecer incluso con más brillo porque solamente su nombre estaba junto a ellas. Ella recibiría todo el mérito por el éxito. Pensamientos de felicitación a sí misma recorrían su mente. *¡Mírenme! ¿Acaso no me veo bien? ¿Quién necesita al jefe cuando tiene a una asistente tan competente?*

En la cresta de la ola, emprendió la ejecución del último proyecto. Tenía ese inquietante sentimiento de que había que hacer las cosas de modo distinto con este proyecto, pero lo descartó basándose en el éxito de los anteriores. Ella sabía lo que hacía. Había que emprender y terminar el proyecto. Imaginó que el próximo proyecto que le asignaran sería incluso más grandioso.

No había sido su intención apropiarse del mérito por este proyecto, pero su actitud arrogante le situó en terreno resbaladizo. El inflado sentimiento de competencia de Érica le había desviado de ocuparse de los detalles que habrían esclarecido el necesario protocolo de incluir el nombre de su jefe en el último proyecto. Dos minutos después de distribuir el proyecto, el jefe de Érica empezó a recibir desagradables comunicaciones de un abanico de más de cien empleados que observaron el error cometido por Érica. El orgullo le había conducido a su caída.

La mujer en su lugar de trabajo

En su corazón, ella sabía que su inflado sentimiento de importancia hizo que descartase buscar asesoramiento en esas decisiones. La independencia estableció su propio y pequeño reino. Esa misma raíz de orgullo fue la que se resistió a la idea de acudir a su jefe y disculparse. Haber alimentado su orgullo fortaleció el arraigo que tenía en su corazón.

Durante los dos días siguientes, Érica estuvo muy ocupada con el control de los daños. Su jefe y ella hicieron lo que pudieron, pero el efecto dominó se sintió en numerosas relaciones en todo la empresa. El mayor daño, sin embargo, se había producido en la relación de Érica con su jefe. Ella sabía que tenía que tomar una decisión. Podía seguir siendo estoica, intentando poner excusas a su error, o podía ser genuina con respecto a su error que estaba arraigado en el orgullo, aportando así humildad a la situación. Permanecer estoica tenía el potencial de ayudarle a mantener las apariencias en el presente; la humildad parecía demasiado cercana a la humillación. Érica batallaba con la decisión.

La historia de Ester

Amán había sido el segundo en posición de mando en el imperio persa, pero tenía el premio por ser el principal pez gordo ante sus propios ojos. No sabemos cómo o por qué Amán había sido elevado hasta tal posición de autoridad en el imperio, pero probablemente habría tenido que ser un astuto negociador, un pensador crítico y un capacitado militar. Tenía rápido acceso al rey, y es evidente que el rey confiaba plenamente no solo en sus palabras sino también en su juicio y sus capacidades. Con ese tipo de posición bajo el brazo, Amán tenía buenas razones para estar orgulloso.

Cuando Mardoqueo no se inclinó delante de Amán, aquello no solo irritó a Amán; le enfureció. *¿Quién se cree que es este judío? Yo soy el gran Amán.* Me he tomado cierta libertad poética en esa frase, porque quiero que entiendas lo profunda que era la raíz del orgullo en la vida de Amán. Para entender de dónde provenía ese prejuicio, hagamos un pequeño viaje en la historia, hasta la época en que gobernaba Saúl, el rey de Israel.

En la cumbre de su gloria, se le dijo a Saúl que destruyese al enemigo de mucho tiempo del pueblo de Dios: los amalecitas (1 Samuel 15:3). En lugar de seguir esas instrucciones, Saúl perdonó la vida del rey Agag, que era el antepasado de Amán. La desobediencia y la rebelión de Saúl, arraigadas en el sentimiento de que él sabía mejor que Dios lo que había que hacer, permitió que el pueblo amalecita permaneciese y regresase años después para ser otra vez un justo castigo para el pueblo judío. El orgullo de Saúl dejó la puerta abierta para el intenso odio y orgullo que se infiltraron en la vida de Amán. La raíz del orgullo no muere con facilidad.

En algún momento, sin embargo, el orgulloso cae (Daniel 4:37), y eso es lo que le sucedió a Amán. Se embarcó en un camino para destruir a sus archirrivales. Sus planes para aniquilar a los judíos parecían perfectos. Todas las piezas se estaban situando en su lugar, y para alimentar aún más su ego, su importancia delante del rey y de la reina parecía estar aumentando. En su camino hacia el estrellato, el aplauso de quienes le rodeaban impulsó su autoestima.

Pero Dios tenía planes que no incluían la destrucción de su pueblo. En la economía de Dios, el orgulloso sí cae. "El orgullo lleva a la deshonra" (Proverbios 11:2). Amán comenzó el día lleno de sus propios logros, de su importancia para el imperio, y suponiendo que el rey quería reconocerle y honrarle por encima de todos los demás. Unas pocas horas después, estaba arrastrándose y rogando por su propia vida delante de la reina judía. Su desaparición final le encuentra colgado de la horca que él había construido para Mardoqueo. ¡Oh, cuán rápidamente cae el orgulloso!

¿Ves el problema?

De modo parecido a como las cruces blancas en la cuneta de una curva peligrosa dan evidencia de aquellos que no prestaron atención a la señal de disminuir la velocidad, las Escrituras están llenas de advertencias de las consecuencias del orgullo. Desdichadamente, nuestra naturaleza de pecado nos impide que admitamos nuestro orgullo. Si somos cristianas sinceras, sabemos que no deberíamos entretener el orgullo. Incluso el orgullo en nuestra capacidad de no ser orgullosas nos mantiene dentro de la tenaza del orgullo. Hay mucho orgullo en esa última frase, pero ¿acaso no es indicativa de nuestras vidas?

El orgullo tiene muchas envolturas. Una de las mayores raíces de orgullo es el autoengaño, o nuestra imprecisa evaluación del yo. "Si alguien cree ser algo, cuando en realidad no es nada, se engaña a sí mismo" (Gálatas 6:3, NVI). La perspectiva de Érica de su propia competencia fue exagerada. Sí, ella había hecho un buen trabajo, pero no reconoció que no era inmune a cometer un error. No es inusual creernos más de lo que realmente somos. Nuestra naturaleza es gravitar hacia los comentarios halagadores.

Cuando permitimos que continúe una perspectiva inflada del yo, comenzamos a distanciarnos de los demás. Nuestra independencia causa que nos agrandemos, lo cual aleja a los demás y les hace tener menos importancia ante nuestros ojos. Es como si el orgullo nos metiera en un globo que se infla, haciéndose cada vez más grande y situándonos más lejos de los demás. Todas sabemos lo que le sucede a un globo cuando se infla demasiado. ¡Cuidado!

Distanciarnos a nosotras mismas de los demás, al final hace que los menospreciemos. David escribió en los Salmos sobre su experiencia con los orgullosos: "Ya estamos más que hartos de las burlas de los orgulloso y del desprecio de los arrogantes" (Salmos 123:4).

Érica acababa de contemplar la posibilidad de que quizá su jefe no fuese necesario; ella sentía que era tan competente y con tanto conocimiento como él. Si hubiera continuado por ese camino, su desprecio habría conducido al punto de sentir desprecio por él. Esto es particularmente cierto en situaciones

El orgullo derrotado por la humildad

en las cuales un jefe o compañero de trabajo tiene que corregir uno de nuestros errores o nuestra conducta. El orgullo no deja que veamos la verdad sobre nosotras mismas para evitar la humillación. Tendemos a resistirnos a escuchar una dura verdad sobre nosotras mismas, y debemos guardarnos contra permitirnos ser irrespetuosas o incluso desdeñar a quienes nos rodean. Estar atentas a esos sentimientos de superioridad puede señalar que la raíz del orgullo se esté aferrando a nuestra vida.

El pecado no permanece latente; siempre es progresivo en naturaleza (ver Santiago 1:13-15). El orgullo no es diferente. El desprecio conducirá a opresión y a un espíritu malicioso. "Con arrogancia los malvados persiguen a los pobres; ¡que sean atrapados en el mal que traman para otros!" (Salmos 10:2) y: "Se burlan y hablan solo maldades; en su orgullo procuran aplastar a otros" (Salmos 73:8). El desprecio es una actitud del corazón. La opresión y la malicia son las acciones externas que manifiestan la actitud interna. Quizá comienza con una actitud de superioridad que descarta las aportaciones de un asociado de menor rango en tu equipo. Quizá sea un desaire en el comedor con respecto al carácter de alguien. O quizá sea una evaluación negativa injustificada. Un corazón lleno de orgullo se evidenciará al final con los actos.

Un peligroso paso siguiente en el orgullo y su efecto en las relaciones es la ceguera espiritual.

> Cuando hayas comido hasta quedar satisfecho… ten cuidado de no olvidar al Señor tu Dios al desobedecer los mandatos, las ordenanzas y los decretos que te entrego hoy. Pues cuando te sientas satisfecho… No te vuelvas orgulloso en esos días y entonces te olvides del Señor tu Dios, quien te rescató de la esclavitud en la tierra de Egipto (Deuteronomio 8:10-14).

El Espíritu Santo nos advertirá de la naturaleza progresiva del orgullo. Pero si ignoramos continuamente la advertencia en nuestra conciencia, el resultado natural es que nuestro corazón se volverá insensible a los impulsos de Él. Nuestra conciencia se adormecerá, y nuestro corazón se endurecerá. "No tienen temor de Dios en absoluto. Ciegos de presunción, no pueden ver lo perversos que son en realidad" (Salmos 36:1-2). Ese es un lugar peligroso donde estar, porque el estado de nuestro corazón siempre afectará a nuestras relaciones. "Sobre todas las cosas cuida tu corazón, porque éste determina el rumbo de tu vida" (Proverbios 4:23).

Medidas correctivas

Algunas malas hierbas en nuestro jardín pueden ser arrancadas con facilidad, porque sus raíces son huecas y débiles. Otras tienen sistemas de raíces profundas que deben desenterrarse y tratarse con un producto químico fuerte para asegurar su extinción. El orgullo rara vez tiene una raíz hueca y débil. Ha sido parte de las relaciones de la humanidad desde la caída y, como tal, la solución debe ser fuerte.

Para contrarrestar la naturaleza corrosiva del orgullo en nuestras relaciones, podemos pedir a Dios que desarrolle en nuestro interior una actitud de humildad. Cristo mostró el ejemplo perfecto de humildad cuando puso a un lado sus privilegios divinos y vino a la tierra como hombre, lo cual culminó en su obediencia a la muerte en una cruz (Filipenses 2:3-4).

Estas medidas correctivas puede que no te parezcan muy potentes. Puede que pienses: *Dame algo que hacer. Hazme una lista de lo que yo debería y no debería hacer*. Pero esa es la ironía. No podemos fabricar humildad. La humildad no es algo que obtener; más bien es un estado del corazón. Es Dios quien cambia los corazones. ¿Te has encontrado alguna vez pensando que serías humilde en una situación fuese como fuese? Dios usará nuestra resolución para producir un cambio en nuestra vida, pero la verdadera humildad no se formula en nuestra propia voluntad.

Dos pasos dirigen principalmente la voluntad de la persona. El primer paso es admitir que tenemos orgullo en nuestra vida.

El orgullo derrotado por la humildad

"Si afirmamos que no tenemos pecado, lo único que hacemos es engañarnos a nosotros mismos y no vivimos en la verdad" (1 Juan 1:8). C. S. Lewis lo expresó de este modo: "Si alguien quiere adquirir humildad... dile el primer paso. El primer paso es entender que uno es orgulloso. Y es también un paso bastante grande. Al menos, no se puede hacer absolutamente nada antes. Si piensas que no eres engreído, significa que eres sin duda muy engreído".[1]

El segundo paso nos dirige a cambiar nuestro enfoque. Si estamos continuamente mirándonos el ombligo, nuestra atención está enfocada hacia el interior en lugar de estarlo hacia arriba o hacia el exterior. Si no vamos más allá de intentar librarnos a nosotras mismas del orgullo, nos volveremos aún más narcisistas. Pasa tiempo con Dios. Lee sus palabras en las Escrituras, tomando tiempo para pedir al Espíritu Santo que te muestre la relevancia que tienen para ti. Es imperativo que tengas un corazón abierto que permita que Dios te hable. Mantén un diálogo abierto con Él a lo largo del día. Ni siquiera tienes que agarrar tu teléfono celular para hablar del emocionante acontecimiento en el trabajo. Saborea el hecho de que Dios está contigo justamente en tu lugar de trabajo.

A medida que llegamos a conocer a Dios de modo personal e íntimo, su presencia saca a la luz el orgullo que albergamos. Al igual que las cámaras de infrarrojos detectan la presencia de vida debido al calor que el cuerpo produce, así el Espíritu Santo puede detectar la presencia de orgullo en los corazones. Puede que estemos tan acostumbradas a esta parte de nuestro carácter que nos hayamos cegado a ella.

Afortunadamente, Dios es fiel para desarraigar el pecado en nuestras vidas y hacernos más semejantes a Él. Pienso con frecuencia que sería bonito si Dios realizase una tarea importante de limpieza: eliminar todo el orgullo que hay en mi vida; entonces, yo no tendría que preocuparme ya por ello. Desdichadamente, no es así como funciona. La transformación espiritual es el proceso gradual y a la vez continuo en el que Cristo nos muestra dónde necesitamos apartarnos de un modo de vida caracterizado por el pecado y unirnos a otro que sea cada vez más semejante a Jesús.

Dos pasos: confesión y enfoque. ¿Suena fácil? Me gustaría que lo fuese. El orgullo, caracterizado por el autoengaño, el desprecio, la opresión, un espíritu malicioso y un corazón endurecido, destruirá relaciones. La medida correctiva de la humildad, no cuando nosotras intentamos crearla sino cuando llega mediante una relación con Cristo, edificará y fortalecerá relaciones.

Resultados relacionales

Las relaciones se desmoronarán cuando el orgullo echa raíces en nuestro corazón. Amán pensaba que podía manipular a las personas que había en su vida, pero el orgullo causó su caída. Érica creía que lo tenía todo bajo control, pero el orgullo le llevó a arrodillarse y puso en peligro sus relaciones en su lugar de trabajo. A fin de que nuestras relaciones sigan siendo sanas y fuertes, debemos ser diligentes para permitir que el Espíritu Santo de Dios y su Palabra desarraiguen el orgullo.

La presencia de Dios en la vida de Érica le permitió no solo identificar su necesidad de confesar su orgullo a Dios, sino también afrontar la tarea incluso más difícil de disculparse con su jefe. Ella sabía que tenía que enfrentarse a él cara a cara, reconocer el error y mostrarle su lamento por la engreída actitud que le condujo a cometerlo. El orgullo mantiene una perspectiva elevada de nosotras mismas, pero somos advertidas contra eso. "Nadie tenga un concepto de sí más alto que el que debe tener, sino más bien piense de sí mismo con moderación" (Romanos 12:3, NVI).

La humildad proporciona una perspectiva más precisa del yo. Desde esa perspectiva más baja y corregida, tendremos la valentía para confesarnos "los pecados unos a otros y [orar] los unos por los otros, para que [seamos] sanados" (Santiago 5:16).

La confesión ocupa una parte integral para desarraigar el orgullo y para el desarrollo de la humildad. Érica experimentó la caída causada por el orgullo, pero también gustó la dulzura de la verdadera humildad que siguió los pasos de la humillación. Fue el orgullo el que había dañado el puente relacional, y fue la humildad piadosa la que lo restauró.

Versículos para el estudio
Génesis 3:1-5
1 Juan 1:8
Filipenses 2:2, 4
Proverbios 11:2
Romanos 12:3
Salmos 32:1, 2
Gálatas 6:3
Proverbios 4:23
Daniel 4:37
Salmos 10:2-4

Preguntas para la reflexión

1. ¿Cómo ha causado el orgullo que te consideres a ti misma más importante que otros? ¿Qué acciones han dado evidencia de este asunto del corazón?

2. ¿En qué áreas de la vida has estado intentando hacer que la vida funcione sin Dios?

3. ¿Qué estás haciendo para permitir que Dios señale dónde hay orgullo en tu vida?

3

El engaño vencido por la integridad

La hija de Ana no estaba lista para irse a tiempo a la escuela otra vez. Esto sucedía con demasiada frecuencia, y muchas veces causaba que Ana llegase tarde al trabajo. ¿Qué excusa podría poner hoy? Ya había utilizado todas las buenas y estaba comenzando a reciclarlas. Ella sabía que no era su día de suerte cuando se encontró con su jefa, Sandra, en el pasillo antes de poder quitarse el abrigo en su oficina.

—Ana, te he estado buscando. Tengo que darle al vicepresidente unas novedades importantes en cinco minutos. ¿Dónde has estado? ¿Y dónde está el informe sobre cómo implementar el nuevo software? —dijo Sandra de forma muy firme.

—Ah, lo siento; me olvidé de tu reunión de las nueve de la mañana —dijo Ana, pensando que su excusa tenía que ser buena para compensar por haber decepcionado a Sandra en un momento tan crítico—. Nuestro tanque de agua caliente se rompió anoche, y la casa estaba inundada esta mañana. El plomero tardó muchísimo en responder. He llegado aquí lo más rápido posible.

¿Cómo no podría cualquiera entender esa excusa?

Sandra expresó su compasión por el percance y dijo que si

La mujer en su lugar de trabajo

Ana tenía que irse temprano para comprobar cómo iban las cosas en su casa, podía hacerlo, pero que en ese momento necesitaba una actualización de un minuto sobre la implementación del nuevo software.

—Claro; he recibido las propuestas del proveedor, pero nuestro grupo de servicios de ingeniería no nos ha dado aún especificaciones finales. Desdichadamente, se va a producir un retraso de dos semanas, y no sé si podremos cumplir con la fecha tope.

Ana sabía que en realidad había sido su falta de comunicación de una fecha tope clara lo que había causado que el grupo de ingeniería se retrasara.

—Esto es horrible. El vicepresidente ha insistido en que no tengamos más cambios de calendario. Voy a recibir una considerable reprimenda por esto. Gracias por ponerme al día.

Sandra se apresuró hacia la sala de juntas. Ana estaba agradecida por haber sobrevivido una vez más a una situación estresante. Algunas excusas creativas le habían vuelto a salvar el cuello, o al menos eso creía ella.

Aquella tarde, Sandra y el gerente de recursos humanos entraron en la oficina de Ana, y las noticias no eran buenas. En la reunión de la mañana había salido a la luz que Ana era la culpable de comunicar mal la fecha tope del proyecto al grupo de ingeniería. El vicepresidente quería que rodasen cabezas, y el hacha estaba más cerca de los cuellos de Sandra y de Ana. Entonces, uno de los otros gerentes dijo que había visto y había oído a Ana esa mañana en la oficina de secundaria comentando a la secretaria el motivo de que su hija hubiera llegado tarde.

—Ella dijo que su hija había llegado tarde otra vez porque todos ellos se habían quedado dormidos debido a la fiesta de la clase de arte dramático que había durado hasta muy tarde la noche anterior —dijo Marcos, el gerente.

—Ana, ¿estás de acuerdo o niegas lo que dice Marcos? —le preguntó Sandra.

—La afirmación de Marcos es cierta —respondió Ana.

El engaño vencido por la integridad

—Lo siento, Ana —dijo Sandra—, pero no tengo otra opción que la de despido procedente. No habrá paquete de indemnizaciones. También te digo que mi supervisor me ha puesto en período de prueba por haber manejado mal este proyecto.

Ana inclinó su cabeza para ocultar la vergüenza y las lágrimas que intentaba reprimir, y dijo: "Lo siento".

¿Cómo se arraiga tanto el engaño en el lugar de trabajo? Yo creo que hay cinco razones que nos hacen ser propensas a un retrato exagerado o diminutivo del yo. El profesor de psicología, Robert Feldman, es una de las principales autoridades en el tema del engaño, y su libro *Cuando mentimos* tuvo una gran influencia en mi modo de pensar sobre este tema.

Una de las razones más comunes y aceptables socialmente por las que amañamos la verdad es para aumentar nuestra simpatía y aceptación. Nuestra capacidad de encajar socialmente, incluso en el lugar de trabajo, depende en gran parte de nuestro deseo de evitar la disonancia. Las relaciones tienden a estar construidas sobre las cosas que hay en común y no sobre las diferencias. Por tanto, en nuestro intento de encontrar terreno común, distorsionamos nuestras verdaderas opiniones para reflejar las de la persona con la que hablamos. El profesor Feldman dirigió un estudio que descubrió que la persona promedio miente tres veces cada diez minutos en una conversación. La intención de esas mentiras no era la manipulación; más bien, las personas mentían para ser percibidas como más interesantes, agradables y deseables.[1]

Tenemos miedo a no ser lo bastante agradables para que las personas se interesen en nosotras tal como somos, y por eso exageramos la verdad sobre nosotras mismas, con la esperanza de que habrá algo en las exageraciones que los demás encuentren atractivo.

Mentir en el lugar de trabajo emana también de nuestro temor a que nuestras habilidades se queden atrás, y por eso sentimos la necesidad de proyectar una mejor versión de nosotras mismas. Dallas Willard lo expresa de la siguiente manera:

La mujer en su lugar de trabajo

Cuando estamos con aquellos con quienes nos sentimos menos que seguros, utilizamos palabras para "ajustar" nuestra apariencia y obtener su aprobación. De otro modo, tememos que nuestras virtudes podrían no recibir la adecuada apreciación y que nuestros defectos podrían no ser adecuadamente entendidos.[2]

Con demasiada facilidad sucumbimos a nuestro deseo de mejorar la percepción que otros tienen de nosotras, mintiendo sobre la historia de nuestra vida, inventando logros e inflando nuestras ambiciones profesionales. Con frecuencia puede que haya cierta parte de verdad, pero la exageramos o la minimizamos, lo cual nos hace aparecer con capacidades o habilidades más fuertes. Anticipamos que el verdadero yo que aportamos a la relación no será lo bastante bueno. Un deseo de impresionar se sobrepone a la veracidad.

A veces, nuestra reacción a un ego amenazado puede ser el catalizador para mentir. Cuando llegamos apresuradamente a una reunión a primera hora de la mañana, decimos una "mentirijilla" como parte de nuestra disculpa por un mal manejo del tiempo. Lo cierto es que nos quedamos despiertas hasta muy tarde leyendo un libro y presionamos el botón de repetición en el despertador tres veces. Quizá nuestro jefe pregunte si la tarea está cercana a quedar terminada y decimos que sí cuando, de hecho, hemos completado solamente el veinte por ciento. El temor a las consecuencias nos hace crear una cortina de humo de realidad alterada.

Si cada una de las razones para el engaño fuese cada vez más destructiva, este punto alcanzaría el primer lugar: el engaño puede utilizarse para manipular. Las mentiras pueden utilizarse como herramienta para tratar injustamente o explotar a las personas. Al trabajar en un equipo, Ana no comunicó una importante fecha tope para reunir información. Cuando su jefe pidió la información, ella rápidamente desvió la culpa a sus compañeros de trabajo que no habían producido el material necesario.

El engaño vencido por la integridad

Ella los trató mal al engañar a su jefe y no reconocer su fallo en el fracaso. El engaño se produce mediante lo que se omite y se da a entender, y no tanto por la acusación flagrante.

El engaño es una estrategia que decidimos utilizar para lograr nuestros motivos de caer bien, vernos competentes, protegernos o manipular a otros para nuestro propio beneficio. Al igual que el moho crece rápidamente en los lugares oscuros, así lo hace nuestra propensión y necesidad de seguir con una vida de engaño. Una sola mentira rara vez es suficiente.

Ana tenía que tomar varias decisiones cuando se encontró con su jefa en el pasillo. Podía ser sincera sobre un problema que estaba teniendo en casa o mentir para que sonase mejor. Podía ser sincera sobre su error en la comunicación de la fecha del proyecto o desviar falsamente la culpa. Las respuestas de Ana y su situación no fueron el producto de una sola mentira. Mentir era un hábito que ella había adquirido y que agravaba su problema.

El engaño tiene un inmenso efecto en las relaciones. Ana pagó el precio por la red de mentiras en las que la agarraron aquel día. Supongamos que ella no hubiera sido despedida ese día y le hubieran dado una segunda oportunidad. Habría vivido bajo el peso de intentar reconstruir la confianza con Sandra, con el resto del equipo de gerencia y con el grupo de ingeniería, y todos ellos se habrían enterado de su falta de honestidad. Esa es una carga mucho mayor que soportar que la de tener que ser sincera con respecto a sus actos y asumir la responsabilidad de ellos.

Reconstruir la confianza dañada es una tarea monumental. Se necesitan más demostraciones de honradez para reconstruir los puentes relacionales que han sido dañados por el engaño que las necesarias para mantenerlos.

La decisión es si permitiremos o no que el engaño entre en nuestra relación con Dios y con los demás a pesar del efecto desastroso que puede tener sobre ellas, o si escogeremos ser sinceras, sabiendo que, a la larga, será lo mejor para nosotras y nos permitirá construir fuertes puentes relacionales con los demás.

Medidas correctivas

Si el engaño es decir y vivir una vida de mentiras, entonces la honestidad es la conducta que comunica verdad independientemente de cuáles sean las consecuencias. La medida correctiva que debe utilizarse contra el erosivo poder del engaño es un compromiso a permanecer en el camino estrecho de la honestidad. ¿Recuerdas el versículo clave inicial de amar a Dios, a nosotras mismas y a los demás? La honestidad es una parte integral de esto. Las Escrituras dicen que Dios desea verdad en lo íntimo (Salmos 51:6).

Parece que a menudo olvidamos que nuestro Dios omnisciente lo ve todo, escucha nuestros pensamientos más profundos y entiende los motivos de nuestro corazón. No tenemos que confesar nada para que Él sepa lo que sucede en nuestro interior; pero Él también entiende el tremendo beneficio que obtenemos cuando somos sinceras con Él. La única manera de romper el ciclo del engaño es ser sinceras con nosotras mismas y con Dios.

Demasiado a menudo evitamos la confesión, incluso a Dios, debido a la vergüenza y al temor a no ser aceptadas. Pienso en la historia de Oseas y su esposa adúltera: Gomer. Ella abandonó a su esposo una y otra vez para regresar a su estilo de vida adúltero, pero Oseas salía a buscarla y la hacía regresar. Él estaba lleno de amor y de perdón para Gomer.

Oseas vivió esa realidad para demostrarnos el modo en que Dios nos ve. Puede que sigamos regresando al engaño, pero Dios sigue extendiendo su mano de gracia que dice: "Quiero que regreses". No permitamos que nuestra vergüenza evite que regresemos a una relación correcta con Dios. Responder al impulso del Espíritu Santo de confesar nuestro pecado a Dios será el primer paso para romper la atadura de este pecado en nuestra vida.

También se nos dice que nos amemos a nosotras mismas. ¿Cómo te sientes cuando acabas de decir una mentira? Inicialmente puede que sienta euforia por haberme salido con la mía; sin embargo, en la tranquilidad de la noche y en la profundi-

El engaño vencido por la integridad

dad de mi alma, debo afrontar el hecho de que me he traicionado a mí misma. Sé que en realidad no soy la persona que he retratado de mí misma. En ese punto debo batallar con la indignación hacia mis propios actos engañosos y mi lamentable realidad. Entiendo que los actos engañosos que utilizo para intentar inflar mi realidad me hacen daño solo a mí, y ciertamente no comunican verdadero amor por mí misma. Si yo amase verdaderamente a la mujer que Dios hizo que yo fuese, estaría contenta con la representación auténtica de mí misma.

La tercera parte del último mandamiento de Cristo en Mateo es amar a los demás. Amar a las personas con quienes trabajamos demanda que vivamos una vida de honestidad. Dar matices a la verdad para salvar nuestro propio pellejo pone a otros en riesgo. Para fortalecer este puente relacional, podemos dar el regalo de la autenticidad. La autenticidad es dar a conocer el regalo de mi verdadero yo. Exige dejar a un lado juegos, papeles que desempeño o el fingimiento.

Ser genuino no significa comunicar todo lo que piense o sienta; pero sí significa que lo que comunico lo siento, creo y pienso genuinamente.[3]

Imagina cómo la autenticidad podría fortalecer y alentar la honestidad mutua si permitiésemos que las personas realmente llegasen a conocernos tal como somos.

Puede que hayas leído esta última frase y estés pensando: *Mis relaciones son mucho mejores basadas en la persona que yo he creado en el trabajo en lugar de mi verdadero yo.* Los pensamientos como esos no provienen de Dios.

Escucha lo que Dios dice: "Pero ustedes deben hacer lo siguiente: digan la verdad unos a otros. En sus tribunales, pronuncien veredictos que sean justos y que conduzcan a la paz. No tramen el mal unos contra otros. Dejen de amar el decir mentiras y jurar que son verdad. Yo odio todas esas cosas, dice el Señor" (Zacarías 8:16-17). Si estamos comprometidas

La mujer en su lugar de trabajo

a construir puentes relacionales a la manera de Dios, entonces debemos renunciar al engaño y vivir una nueva vida de honestidad y autenticidad.

Llevar la honestidad un paso más allá

Honestidad es vivir sinceramente, y *autenticidad* es ser genuino, pero integridad incluye ambas cosas y va más allá de ellas.

Podemos ver los orígenes de la palabra en los significados en francés y en latín de *intacto, integrar, integral* y *enteramente*. El concepto significa que "todo está funcionando bien, no dividido, integrado, intacto e incorrupto". Cuando hablamos de integridad, estamos hablando de ser una persona completa, una persona integrada, con todas nuestras distintas partes trabajando bien y realizando las funciones para las que fueron diseñadas. Se trata de unidad y eficacia como personas.[4]

Integridad es cumplir promesas y cumplir espectativas.[5]

Esto conduce a la libertad y a un entorno en el cual las relaciones son fortalecidas.

Los niños mienten con frecuencia para librarse de situaciones comprometidas; los adultos tienden a mostrar las mismas características de inmadurez simplemente diciendo mentiras más complicadas. La integridad saca de nosotras grandeza y nos da evidencia de nuestra madurez como persona. El escritor de Hebreos da una indicación de la capacidad de una persona madura para tomar decisiones: "El alimento sólido es para los que son maduros, los que a fuerza de práctica están capacitados para distinguir entre lo bueno y lo malo" (Hebreos 5:14). La integridad se desarrollará mediante la práctica y se evidenciará a sí misma como la capacidad de descifrar lo bueno y lo malo y entonces seguir lo bueno.

En el lugar de trabajo debemos comenzar con la honesti-

El engaño vencido por la integridad

dad y después añadir autenticidad, entendiendo que nuestro carácter culmina con la integridad. La integridad de Ana comenzó a erosionarse cuando ella dijo su primera mentira en cuanto al porqué llegó tarde al trabajo. Por temor a ser considerada incompetente por permitir que los problemas de su casa afectasen a su trabajo, ella decidió presentarse como una mujer eficiente que lo tenía todo controlado. Ella ya no mostraba su genuino yo, y para mantener esa fachada tuvo que crear un escenario que sostuviese su engaño. La integridad es un alto llamamiento, y demanda dependencia de una norma incluso más elevada establecida por Dios. Nuestra capacidad de vivir una vida de integridad se vendrá abajo si la base de la honestidad y la autenticidad no está presente.

La historia de Ester

¿Cómo vivió Ester una vida de integridad? Algunos podrían argumentar que ella vivió una mentira al no divulgar su herencia judía al rey cuando llegó a ser reina. Es difícil entender por qué Mardoqueo le dijo a Ester que no revelase su herencia cuando se supo en círculos de Mardoqueo que él era judío. Mirando atrás, podemos ver el plan que Dios tenía para la vida de Ester y que impactaría en la supervivencia de su pueblo. Por el ejemplo de Ester podemos derivar el principio de que puede que no tengamos que decir todo acerca de nosotras mismas, pero cuando llegue la oportunidad y el impulso de ser auténticas, debemos confiar en el momento adecuado de Dios y obedecer su llamado a la autenticidad. Ester demostró una vida de integridad al arriesgar su vida cuando reveló que era judía. Cuando su pueblo la necesitó, ella tuvo la valentía de dejar a un lado su autoprotección.[6]

Resultados relacionales

Los puentes relacionales se construyen sobre la base del amor y la confianza. El engaño tendrá un tremendo efecto de erosión. Dios nos ha llamado a vivir vidas caracterizadas por la verdad. Si decidimos hacer lo contrario, cosecharemos lo que sembremos, y nuestras relaciones sufrirán. El último versículo del libro de Oseas es el siguiente:

> Que los sabios entiendan estas cosas. Que los que tienen discernimiento escuchen con atención. Los caminos del Señor son rectos y verdaderos, los justos viven al andar en ellos; pero en esos mismos caminos, los pecadores tropiezan y caen (Oseas 14:9).

En nuestros esfuerzos por construir puentes relacionales en el lugar de trabajo, podemos construir puentes fuertes viviendo vidas de honestidad, autenticidad e integridad. Si participamos en el engaño, el puente se vendrá abajo. La elección es el camino de Dios o nuestro propio camino.

Versículos para el estudio

Salmos 51:6
Oseas 14:9
Proverbios 11:3
1 Pedro 2:1-3
Proverbios 26:28
Efesios 4:15
Proverbios 6:16-19
Hebreos 5:14
Zacarías 8:16-17

Preguntas para la reflexión

1. ¿Cuándo has sentido la necesidad de exagerar la verdad o mentir descaradamente para ser considerada aceptable en el trabajo?

El engaño vencido por la integridad

2. Describe una ocasión en que experimentaste el peso de tener que reconstruir la confianza en una relación después de que quedase rota por la deshonestidad.

3. ¿Estás viviendo una vida de integridad en el trabajo? ¿Qué necesitas cambiar a fin de presentar tu yo completo, físicamente, emocionalmente, mentalmente y espiritualmente, en el trabajo?

4

El enojo disipado por el perdón

"¡Estoy muy enojada!".
"¡Estoy furiosa!".
"Si ella me frustra una vez más, ¡no seré responsable de mis actos!".
"El enojo es un sentimiento de escándalo o indignación contra una injusticia o un insulto".[1] Con frecuencia se piensa que es justificable: un compañero de trabajo hace mal una tarea, y a nosotras nos toca recoger los pedazos; un jefe desahoga su frustración con nosotras minutos después de que su propio jefe le haya machacado; un cliente nos culpa de las roturas en el producto cuando nosotras sencillamente estamos en el departamento de ventas. Todos ellos son ejemplos de injusticias perpetradas contra nosotras. Enojarnos por cosas como estas no es poco natural ni tampoco equivocado, pero lo que se convierte en el problema es el acto que surge del enojo. Antes de explorar los típicos pasos siguientes en el desarrollo del enojo, examinemos el enojo que sale de las heridas profundas.

Se acaba de anunciar que Mónica fue quien recibió el premio al Empleado del Mes. Cualidades de carácter como integridad, trabajo duro y compasión se han mencionado en el

La mujer en su lugar de trabajo

anuncio distribuido por el departamento de recursos humanos. Mónica tuvo un sentimiento de humildad a causa de que sus compañeros de trabajo y la gerencia hubieran considerado su trabajo ejemplar y le hubieran otorgado ese honor.

Mientras estaba sentada leyendo los mensajes de correo de felicitaciones que llenaban la pantalla de su computadora, llegó uno de María, una mujer con la que Mónica había trabajado varios años atrás. Lo abrió con expectación, pero, cuando había leído algunas breves líneas, el entusiasmo se convirtió en un sentimiento como si su corazón hubiera sido atravesado y la vida se estuviera desbordando. En lugar de leer una nota de felicitación, Mónica leyó palabras que abofeteaban su carácter y desacreditaban su trabajo. Alguien que ella había pensado que era una aliada por mucho tiempo le había apuñalado el corazón. La incredulidad se convirtió en enojo.

¿Tenía Mónica derecho a enojarse por ese mensaje de correo? Muchas mujeres muy agradables probablemente dirían que no.

Estudios de los juegos de niños muestran a muchachos compitiendo (tanto físicamente como verbalmente) y luchando. Las niñas tienden a jugar cooperativamente; trabajan duro para resolver las diferencias. Las mujeres también crecen manteniendo las relaciones casi a cualquier costo… Intentamos desesperadamente no hacer zozobrar la barca.[2]

Esta tendencia es aún más pronunciada en la comunidad cristiana, donde muchas de nosotras hemos oído que enojarse no está bien. Puede que te encuentres pensando: *Un momento. Esto realmente hiere mis sentimientos. ¿Es que mis sentimientos no cuentan?*

A Jesús no le faltaba enojo. Con frecuencia expresaba su enojo hacia los fariseos y los líderes religiosos cuando sus endurecidos corazones le traspasaban el corazón (Marcos 3:5). Él se enojó cuando descubrió que el templo se utilizaba como un mercado (Juan 2:15). Muchas veces en el Antiguo Testamento Dios se enojó por los pecados de los tercos israelitas. El enojo es una emoción dada por Dios. Tenemos la capacidad de sentir, porque hemos sido creadas como seres emocionales a imagen de Dios (Génesis 1:27). El enojo es una de las emociones más poderosas; sin embargo, debe seguir el canal apropiado o se vuelve destructivo.

Canales negativos

Cuando Mónica recibió el mensaje de correo, podría haber enviado una respuesta sarcástica que destacase la razón obvia por la cual María nunca había sido elegida para el premio. Podría haber agarrado el puñal que le habían lanzado y enviarlo de regreso para herir a su ofensora. Entonces podría haber comenzado a hablar mal de María en la oficina diciendo a los demás los comentarios absurdos que María había hecho.

De modo más subversivo, Mónica podría haber decidido evitar a María a toda costa. Podría apartarse con su enojo, pero entonces cada vez que Mónica se encontrase con María, su pulso se aceleraría y el temor a futuras relaciones se volvería paralizante. Si ella escogía este camino de conducta pasivo-agresiva, sería necesaria considerable energía para mantener la manipulación necesaria de su ambiente de trabajo a fin de evitar un contacto futuro con María.

Mónica podría haber reconocido el daño causado por las afirmaciones de María y entonces fingir seguir adelante con la vida. Externamente todo parecería ir bien, pero en su propia mente y corazón Mónica seguiría tocando la herida. Cuando revisara el correo, se encontraría con el mensaje marcado de María y volvería a leerlo. Esta situación común daría alas a su justificación para mantener amargura en su corazón.

Todas esas opciones habrían llevado a Mónica por un camino en el que su enojo inicial conduciría a pecar. Calumnia, desconexión y falta de perdón son, todos ellos, factores que erosionan las relaciones. Ninguna de esas opciones nos llevaría por el camino de vivir como Jesús nos dijo que viviéramos, y sin duda no conduciría a relaciones sanas.

¿Hay otro camino?

Medidas correctivas

Si alguien te ha dicho alguna vez que el mejor camino para detener el enojo es sencillamente negarte a estar enojada, probablemente quisiste dar una patada a esa persona. Tal argumento viciado solamente conduce a la derrota y la frustración. La solución para el enojo no es sencillamente dejar de estar enojada. El enojo *se producirá*. La medida correctiva está en el modo en que respondemos al enojo. Negarnos a reconocer nuestro enojo y el dolor resultante normalmente significa que nos aferramos a esa emoción en lo profundo de nuestro ser. Al final sale a la superficie, con frecuencia contra alguien que no es la persona que lo causó. Al hablar del papel de nuestras emociones con respecto a la transformación espiritual, Dallas Willard dice que "[Las emociones] más que ningún otro componente de nuestra naturaleza son los 'desencadenantes' de los actos de pecado".[3] Por ejemplo, terminas gritándole a tu hija en la cena cuando ella habla con la boca llena de comida, cuando el verdadero problema es el enojo que has permitido que se acumule durante la semana anterior hacia una de tus compañeras de trabajo.

Uno de los versículos sobre el enojo más conmovedores e instructivos en las Escrituras es Efesios 4:26-27: "Además, 'no pequen al dejar que el enojo los controle'. No permitan que el sol se ponga mientras siguen enojados, porque el enojo da lugar al diablo". Esto reitera que hay momentos y situaciones en que el enojo está justificado; pero la segunda parte de esos versículos establece dos criterios que evitarán que crucemos la línea hacia el territorio de pecado.

No dejes que crezca

El primer control para evitar que el enojo se convierta en pecado es que no debemos permitir que se vuelva un estímulo para la venganza.

Brenda se había visto en la situación de tener que pasar el fin de semana en la oficina para terminar un proyecto porque

El enojo disipado por el perdón

su compañera de trabajo, Tina, que le pasó los datos, había ido con retraso. Ahora Brenda estaba abrumada para tener la presentación lista para la mañana del lunes.

Mientras estaba sentada en su escritorio una soleada tarde de sábado, podía sentir que la temperatura emocional aumentaba en su espíritu. Al llegar la mañana del lunes, el aspecto de Brenda era tranquilo, pero en su interior echaba humo. Ella optó por no dar evidencia alguna de estar descontenta y contrariada.

A medida que pasaron las semanas, Brenda se encontró evitando a Tina, porque cada vez que pensaba en aquel fin de semana perdido sentía que surgía enojo en su interior y se convertía en amargura. Su jefe había sugerido que Brenda y Tina trabajasen juntas en otro proyecto, pero Brenda en seguida se inventó una excusa con respecto a por qué ella no estaba dispuesta a hacer eso. Brenda entendió que estaba albergando pensamientos negativos también hacia su jefe, porque era evidente que él admiraba el trabajo de Tina. Se preguntaba cómo alguien podía estar tan ciego a la incompetencia de Tina. Brenda buscaba maneras de devolvérsela a Tina.

Era fácil para Brenda no enviarles a otros los materiales que Tina encauzaba por medio de ella, pero Brenda pronto pasó a la sutileza, aludiendo a la incompetencia de Tina cuando hablaba con otros compañeros de trabajo. No era que el enojo inicial que Brenda sintió hubiera sido incorrecto; era que Brenda se había aferrado a él y había permitido que se convirtiese en amargura y venganza. Brenda habría sido capaz de cortar de raíz su enojo si hubiera acudido a Tina cuando surgió el problema por primera vez y le hubiese explicado los efectos negativos que su demora estaba teniendo. Si ella hubiera sido capaz de establecer límites adecuados para minimizar la posibilidad de que eso volviese a suceder, el enojo no habría sido alimentado.

Mateo 18 nos ofrece un proceso para tratar el discurso relacional:

Si un creyente peca contra ti, háblale en privado y hazle ver su falta. Si te escucha y confiesa el pecado, has recuperado a esa persona; pero si no te hace caso, toma a uno o dos más contigo y vuelve a hablarle, para que los dos o tres testigos puedan confirmar todo lo que digas. Si aun así la persona se niega a escuchar, lleva el caso ante la iglesia. Luego, si la persona no acepta la decisión de la iglesia, trata a esa persona como a un pagano o como a un corrupto cobrador de impuestos (Mateo 18:15-17).

Normalmente, si se aborda este proceso con honestidad y humildad, el resultado será la disculpa mutua y la restauración de la relación. Desdichadamente, el subyacente deseo de una o ambas partes puede que no sea la disculpa mutua y el perdón mutuo, sino más bien la superioridad de una de las partes sobre la otra.

Perdón poco común

Perdón es una palabra muy común, pero una práctica muy poco común. Si hemos establecido una relación personal con Jesucristo, entonces somos las receptoras de su divino perdón de nuestros pecados. Sobre la base del sacrificio una vez para siempre ofrecido por Jesucristo en la cruz, Dios ha quitado nuestro pecado cuando acudimos a Él en arrepentimiento. Su perdón significa que mis pecados son olvidados y ya no están contra mí. "Perdonaré sus maldades y nunca más me acordaré de sus pecados" (Jeremías 31:34). La infinita gracia de Dios y su misericordia hacia nosotros se evidencian por medio de su perdón. Al hacerlo así, Dios construye y mantiene el puente relacional definitivo hacia nosotros. Él extendió hacia nosotros el brazo del perdón para que pudiéramos tener una relación.

Esto debería hacer que fuese fácil para nosotras ofrecer ese perdón a las personas que nos han herido, pero con demasiada frecuencia no sucede de ese modo. Al tratar por encima el hecho de que somos culpables y necesitamos perdón, decidimos en cambio encontrar faltas en el modo en que otros nos han tratado mal, guardar rencor y permitir que el enojo se convierta en amargura y venganza. Negarnos a perdonar como hemos sido perdonadas contraviene el Padrenuestro: "y perdona nuestros pecados, así como hemos perdonado a los que pecan contra nosotros" (Mateo 6:12).

Jesús relata una parábola acerca de un sirviente que debía el equivalente a millones de dólares al rey. Al no poder pagar su deuda, suplicó misericordia al rey, quien le concedió una audiencia, canceló su deuda y dejó ir al sirviente. En cuanto ese sirviente fue liberado de sus propias cadenas de deuda, salió a buscar a otro sirviente que le debía unos pocos dólares. Le agarró por el cuello, intentando ahogarle y demandando que le pagase su pequeña deuda. Cuando el deudor se negó, el sirviente hizo que le metieran en la cárcel hasta que pudiera pagarle esos pocos dólares (Mateo 18:21-35).

No es ningún error que esta parábola sobre el sirviente que no perdonó esté después del proceso en Mateo 18 sobre cómo solucionar las peleas en las relaciones. Si se produce el escenario en el cual el ofensor se arrepiente, entonces ofrecer perdón es mucho más fácil; pero si el ofensor mantiene su inocencia y nos echa la culpa a nosotras, el perdón sobrenatural de Dios sigue recordándonos nuestra necesidad de perdonar. No podemos hacer esto en nuestras propias fuerzas, pero como Dios ha modelado para nosotras y nos ha fortalecido con el Espíritu Santo, sí tenemos este don en nuestro interior, listo para derramarse. "Sean comprensivos con las faltas de los demás y perdonen a todo el que los ofenda. Recuerden que el Señor los perdonó a ustedes, así que ustedes deben perdonar a otros" (Colosenses 3:13).

¿Qué significa perdonar a alguien? Una imagen visual que ha hecho que esto sea real para mí es la de desatarnos de la persona que nos ha hecho daño. Eso significa que las dos ya no estamos atadas juntas debido a nuestra infracción. Imagina estar amarrada a un tigre salvaje. ¿No harías todo lo que estuviera en tus manos para librarte del inminente daño que un tigre podría hacerte?

Sin embargo, hacemos precisamente eso todo el tiempo. Nos mantenemos atadas a los recuerdos de comentarios hirientes, despidos injustos, ascensos no recibidos, traiciones y murmuración, y relaciones fracturadas. Al hacerlo, nos mantenemos amarradas a un animal peligroso que tiene el potencial de agotar nuestra alma. Esto puede manifestarse como agotamiento, derrota o enojo, y un deseo de venganza. Como reflexionaba una escritora que sufrió maltrato infantil: "He descubierto que el perdón añade a mi calidad de vida... no que haya logrado perfección en él, ¡sino que he demostrado que me va peor por no hacerlo!".[4]

El perdón se produce cuando permitimos que Dios corte las ataduras para liberarnos de los efectos de la herida. Incluso dieciocho meses después de haber recibido el demoledor mensaje de correo, Mónica entendió que había estado rascándose la costra de esa herida que seguía causando daños a su alma. Con desesperación, clamó a Dios para que le ayudase a perdonar, para que le ayudase a soltar la herida. Jesús ha prometido que Él actuará en nuestra debilidad y nos dará la capacidad que necesitamos para perdonar. "Mi gracia es todo lo que necesitas; mi poder actúa mejor en la debilidad" (2 Corintios 12:9).

¿Siete veces?

¿Has notado que el enojo tiende a resurgir en tu corazón? A veces creo que he tratado cierta situación, y entonces algo me refresca la memoria y de nuevo me encuentro en necesidad de ofrecer perdón. Creo que por eso el pasaje de Efesios termina con la advertencia de no permitir que el diablo obtenga ventaja en nuestras vidas. Si abrimos la puerta y entretenemos el enojo, entonces entra el pecado. Escucha la advertencia que Dios da a Caín, quien está furioso porque su hermano Abel había recibido el favor de Dios: "Serás aceptado si haces lo correcto, pero si te niegas a hacer lo correcto, entonces, ¡ten cuidado! El pecado está a la puerta, al acecho y ansioso por controlarte;

El enojo disipado por el perdón

pero tú debes dominarlo y ser su amo" (Génesis 4:7). Debemos seguir tratando el enojo que acecha a la puerta de nuestro corazón y nuestra mente.

Me resulta fascinante que en el Padrenuestro la petición de perdón siga a la petición del pan de cada día. ¿Podrían estar ambos relacionados?[5] ¿Podría nuestra necesidad de sostén diario ser tan importante como nuestra necesidad de recibir y dar perdón? Sé que no me siento bien físicamente cuando paso demasiado tiempo sin comer; tampoco disfruto de salud emocional cuando permito que la falta de perdón se acumule. Al igual que necesitaremos alimento cada día, así también necesitaremos recibir el perdón de Dios y dar perdón a otros desde ahora hasta el día en que muramos.

Quizá sea esta relación diaria la que impulsó a Jesús a responder la pregunta de Pedro acerca de cuántas veces es necesario perdonar (Mateo 18:21). Sin duda, Pedro pensaba que estaba siendo bastante espiritual si estaba dispuesto a perdonar la misma ofensa siete veces. La tradición judía enseñaba que era "presuntuoso e innecesario perdonar a alguien más de tres veces".[6] La respuesta de Jesús, "No siete veces... sino setenta veces siete" (Mateo 18:22), no tenía intención de limitar el perdón a un número específico, sino más bien establecer el punto de que nuestro perdón debería ser interminable.

El perdón es un camino difícil que no tiene fin.

Dios redime

Dios tiene una manera sorprendente de tomar las cosas difíciles que nos suceden y revertirlas de modo que algo bueno salga de ellas. Se denomina redención. El significado de redención es la recompra o liberación de alguien o algo. ¿Cómo funciona? Dios toma la herida causada por el insulto o la calumnia y la redime, de modo que en vez de que nuestro enojo nos conduzca al pecado, dé gloria a Él. Permíteme darte un ejemplo de las Escrituras.

Le sucedieron muchas cosas malas a José. Sus hermanos le

vendieron como esclavo; luego la esposa de su amo le acusó falsamente de violación, lo cual le llevó a la cárcel por siete años. Esas situaciones fueron sin duda suficientes para justificar el enojo de José; pero Dios tenía su mano sobre José. En lugar de que su corazón se llenase de amargura y de deseo de venganza, su dolor fue redimido. Así fue cómo José describió a sus hermanos lo que había sucedido en su corazón: "Ustedes se propusieron hacerme mal, pero Dios dispuso todo para bien. Él me puso en este cargo para que yo pudiera salvar la vida de muchas personas" (Génesis 50:20).

El apóstol Pablo también tenía todo el derecho a sentirse enojado al estar en una celda de la cárcel en Filipos. En cambio, escogió considerarlo de la siguiente manera: "todo lo que me ha sucedido en este lugar ha servido para difundir la Buena Noticia" (Filipenses 1:12). Redención es cuando Dios toma lo feo y lo convierte en algo hermoso.

Todas nosotras hemos experimentado las acciones o las palabras de otra persona que nos han herido profundamente y han dado como resultado la emoción del enojo en nuestro interior. En ese momento, cada una de nosotras toma la decisión de qué hacer con el enojo. ¿Nos impulsará a acudir y enmendar las cosas con la otra persona, o hará que nos apartemos y que tramemos venganza? ¿Hará que ataquemos con amargura en un intento por causar a la otra persona el mismo daño que ella nos hizo? ¿O seguiremos el ejemplo de Cristo cuando colgaba precariamente entre la vida y la muerte, con su cuerpo brutalmente golpeado, y aun así ofreció perdón a sus atormentadores? La decisión que tomemos nos liberará de las cadenas que nos unen a la ofensa o seguirá destrozándonos. "Cuando un alma ama y perdona, se remonta hacia la libertad con alas como las de un águila. Pero un alma atada a la venganza y la amargura se hunde hacia las profundidades del mar y vive para siempre atada por las cadenas del yo".[7]

El rey Salomón lo expresó del siguiente modo: "Tu bondad te recompensará, pero tu crueldad te destruirá" (Pr. 11:17).

El enojo disipado por el perdón

El enojo del pasado resurge, y se desarrolla nuevo enojo. Siempre estará con nosotras, pero no debemos pecar en nuestro enojo. El perdón es lo que construirá el puente hacia tus compañeros de trabajo. Puede que pienses: *He intentado construir una relación con esa persona, pero cada vez que lo hago el puente es saboteado.*

Si seguimos el proceso relacional establecido en Mateo 18 y vivimos según el versículo "Hagan todo lo posible por vivir en paz con todos" (Romanos 12:18), puede que siga habiendo ciertas personas con las que no pueda mantenerse un puente. No podemos imponernos nosotras mismas sobre otros, pero podemos saber que en nuestro corazón no albergamos nada contra esas personas. El perdón es una calle de una dirección; la restauración es una calle de dos direcciones. Si la otra persona muestra un deseo de que haya una relación, deberíamos estar dispuestas y preparadas para renovar nuestro compromiso al trabajo que conlleva construir un puente para restaurar la relación. Seamos rápidas para perdonar a fin de que el enojo no quite de nuestra alma el gozo que Dios ha puesto ahí por medio de su perdón a nosotras.

La conexión Ester

Al igual que en la crónica de cada persona, la historia de Ester tiene un argumento secundario subyacente de enojo. El rey Jerjes había organizado una fastuosa fiesta para sus líderes militares y nobles que demostraba su riqueza y su esplendor. Como cúspide de ese acontecimiento, hizo llamar a la reina para que mostrase su belleza a sus invitados. Cuando ella se negó, "esa respuesta enfureció al rey y lo hizo arder de enojo" (Ester 1:12). En su enojo, Jerjes decretó que Vasti no volviera a aparecer nunca ante su presencia, y así fue despojada de su posición real. Las Escrituras continúan: "Una vez que se le pasó el enojo, Jerjes comenzó a pensar en Vasti y en lo que ella había hecho, y también en el decreto que él había firmado" (Ester 2:1). No puedo evitar preguntarme cuando Jerjes se dio cuenta

La mujer en su lugar de trabajo

de lo que había hecho, si tuvo algún grado de remordimiento por su apresurada decisión. Las decisiones tomadas con enojo son con frecuencia poco sabias.

Más adelante en la historia, Amán recibió una invitación para acompañar a Ester y al rey a un banquete. A pesar de salir del palacio sintiéndose bastante animado, se llenó de enojo cuando Mardoqueo ni se puso de pie ni tembló de miedo ante su presencia (Ester 5:9). Ese ardiente enojo fue el que alimentó la decisión de Amán de construir una horca para destruir a su enemigo. Al final, su enojo se convirtió en el combustible para su propia caída.

Versículos para el estudio
Efesios 4:26-27
Mateo 18:15-17, 21-35
Jeremías 31:33-34
Mateo 6:9-13
Colosenses 3:12-14
Filipenses 1:12
Romanos 12:17-21
Génesis 4:7
2 Corintios 12:9-10
Proverbios 11:12, 17

Preguntas para la reflexión
1. ¿Puedes identificar momentos en que has seguido algunos de los canales negativos para el enojo que se describen en este capítulo?

El enojo disipado por el perdón

2. ¿A qué recuerdos dolorosos sigues dándoles vueltas y así permaneces atada a ellos?

3. Describe una situación o una relación que tenga necesidad del pan diario del perdón. ¿Qué te hace ser tacaña con tu perdón?

5
El juicio disuelto por la gracia

Él llegaba tarde otra vez. Julia comprobó su reloj. Su colega, que acababa de pasar por delante de su puerta, maletín en mano, llegó al trabajo una hora más tarde que el resto del departamento. Ella decidió seguirle mientras él se dirigía hacia la máquina de café. Quería evaluar discretamente su situación. Meneó la cabeza con disgusto al ver que él llevaba la ropa arrugada y el cabello despeinado. *¿Es que no le importa lo bastante su trabajo para ponerse al menos ropa limpia en la mañana? ¿Habrá oído la palabra plancha alguna vez?*

Cuando él levantó la vista para saludarla, ella vio las hinchadas bolsas que tenía bajo sus ojos inyectados en sangre. Se preguntó en qué bar habría pasado la noche. Él era un ejemplo perfecto de un borracho respetable que intentaba mantener un empleo durante el día.

Cuando Julia se dirigía hacia su oficina, pasó al lado de la mujer cuya oficina estaba al otro lado del pasillo, cinco puertas más abajo. En un mundo ideal, ella no habría podido escuchar nada de lo que se decía en la oficina de esa mujer, pero debido a que ella tenía una voz muy elevada y chirriante, Julia y el resto del departamento podían escuchar casi todas las palabras. *¿Por* qué tenía que hablar tan alto? ¿Por qué se quedó callada cuando me vio? Debía de estar hablando sobre mí. Probablemente ella sea la fuente de ese chismorreo que se ha difundido sobre mí. Sabía que no se podía confiar en ella.

De nuevo en su oficina, Julia acababa de sentarse en su escritorio cuando el teléfono sonó y ella contestó. La secretaria del jefe le pidió que fuese de inmediato a la oficina del ejecutivo.

Julia dijo que iría en seguida, pero mientras agarraba su BlackBerry no podía evitar preguntarse lo que querría ese negrero esta vez. La última vez que había sido convocada a su oficina, había recibido una reprimenda por una pequeña falta en su proyecto actual. Aunque fue difícil, el problema se trató con eficacia, y habían pasado tres semanas de calma. Ahora le llamaban otra vez a la oficina. Ella no podía pensar en ninguna infracción de la que fuese culpable, pero también había sido ignorante de la pequeña falta hasta que fue confrontada. Estaba segura de que su jefe le tenía manía, y esta llamada probablemente lo confirmaría. ¿Quién sabe? ¡Quizá iban a darle una notificación de despido! Este jefe había parecido malicioso, incluso sádico, desde el principio. Aquello no podía ser nada bueno.

Una hora después de haber llegado al trabajo, Julia había permitido que suposiciones y juicios creasen una distancia entre ella y dos de sus compañeros de trabajo y su jefe. Su tendencia a juzgar las intenciones, motivos o actos de las personas, sin basarse en hechos sino en suposiciones, creaba un abismo relacional entre ella y sus compañeros de trabajo.

¿Ves el problema?

Yo trabajé en una oficina que estaba diseñada en torno al concepto del espacio abierto. Cada uno tenía su propio cubículo que se elevaba poco más de un metro sobre el piso. Estábamos sentados en nuestra propia esquina intentando no molestar a las personas que nos rodeaban. Yo tiendo a hablarme a mí misma mientras escribo, y por eso de vez en cuando alguien asomaba

El juicio disuelto por la gracia

su cabeza por la pared de mi cubículo con una mirada inquisitiva, preguntándose con quién hablaba yo. Yo simplemente sonreía y decía: "Lo siento, hablo conmigo misma. Intentaré mantener la voz baja".

A pesar de ser molesta para otros, yo no tenía problema alguno en ser crítica con las personas que trabajaban conmigo. Estaba el compañero de trabajo cuya fuerte voz hacía que me desconcentrase. *¿Por qué no podía bajar su voz algunos decibelios?* Estaba la persona que tenía una manera de andar peculiar, y el sonido de sus altos tacones me distraía. *¿Por qué no podía ponerse zapatos bajos?* Entonces descubrí que la persona que compartía mi cubículo tenía un desagradable resfriado. Ella llegó al trabajo y estornudó encima de nuestros escritorios. Aquello dio un significado totalmente nuevo a "agarrar un virus de computadora". *¿Por qué no se había quedado en su casa un día o dos y se había guardado todos sus gérmenes?* Yo habría demostrado esa cortesía hacia ella.

Me di cuenta de que mis patrones de pensamiento estaban trastocados. Yo era rápida para juzgar los motivos y acciones de mis compañeros de trabajo, y al hacerlo me presentaba ante mis propios ojos como ejemplar. En seguida se desarrollaban pensamientos que me elevaban a mí misma: *Yo nunca haría eso. Yo soy mejor, soy más inteligente, y sin duda soy más considerada que ellos.*

Las suposiciones se hacen por varias razones. Es más rápido y más fácil hacer un juicio que investigar. También hacemos suposiciones porque algunas de nosotras tenemos una tendencia natural a imaginar lo peor con respecto a los demás, estableciendo juicios sobre ellos y así elevándonos a nosotras mismas. Alguien que es hipócrita traslada fácilmente la responsabilidad de hacer cambios a otra persona. Si podemos suponer que la otra persona es el villano o quien necesita ayuda, entonces la balanza se inclinará hacia esa persona y nosotras saldremos, al menos en nuestra propia opinión, viéndonos mucho mejor. Es más fácil suponer que la otra persona ha cometido un fallo, e ignorar el papel que nosotras desempeñamos en la situación.

La mujer en su lugar de trabajo

Debemos reconocer que nuestro corazón se inclina hacia protegernos y elevarnos a nosotras mismas, incluso a expensas de otra persona.

A mí me encanta correr riesgos, buscar aventura y lograr cosas. Con frecuencia llego a frustrarme cuando trabajo junto a alguien que es pensador, planeador y más tranquilo. Insidiosamente, comienzo a pensar que mi personalidad es mejor que la de la otra persona y que mis fortalezas aportan más cosas. En mi corazón me vuelvo enfocada hacia mí misma y me celebro a mí misma a la vez que soy crítica con la otra persona. Ya no veo las fortalezas de su personalidad, y en cambio le veo con demasiada lentitud para tomar decisiones, demasiado metódica, demasiado tranquila, demasiado distinta a mí. En términos sencillos: yo soy superior, y la otra persona tiene los problemas.

No es necesario ser sicóloga y tener muchos títulos después del nombre para descubrir lo que todo eso causa a las relaciones. El legado de Adán en las relaciones, "me celebraré a mí mismo y te juzgaré a ti", fractura las relaciones.[1] Incluso sencillamente albergar esos pensamientos en mi corazón causa la fractura. Nuestros corazones son el manantial de la vida (Pr. 4:23); por tanto, cuando hay pecado en nuestros corazones, al final saldrá. Mi deseo de "fomentar" el cambio para que mis compañeros de trabajo pudieran ser más semejantes a mí, no más semejantes a Cristo, les alejó y causó que el abismo entre nosotros fuese más grande. El escritor de Romanos dijo lo siguiente: "Tal vez crees que puedes condenar a tales individuos, pero tu maldad es igual que la de ellos, ¡y no tienes ninguna excusa! Cuando dices que son perversos y merecen ser castigados, te condenas a ti mismo porque tú, que juzgas a otros, también practicas las mismas cosas" (Ro. 2:1).

Medidas correctivas

Jesús estaba en medio de un día de trabajo normal y corriente. Había pasado la noche orando, luego eligió a los doce hombres que formarían su equipo más íntimo durante los siguientes tres años, y después pasó el día sanando a las personas que se apiñaban alrededor de Él. Después de todo aquel caos, se dirigió a sus discípulos y comenzó a hablarles de lo que era realmente importante en el reino de los cielos.

Este "Sermón del Monte" se centra en gran parte en las relaciones. Sin embargo, a mitad del sermón, Jesús hace la siguiente afirmación: "Traten a los demás como les gustaría que ellos los trataran a ustedes" (Lucas 6:31). Jesús nos lleva a la Regla de Oro y a la importancia de amar a los demás. Poco a poco, Él se acerca al blanco del problema hasta que utiliza una metáfora que lo destaca en nuestras relaciones: "¿Y por qué te preocupas por la astilla en el ojo de tu amigo cuando tú tienes un tronco en el tuyo? ¿Cómo puedes decir: "Amigo, déjame ayudarte a sacar la astilla de tu ojo", cuando tú no puedes ver más allá del tronco que está en tu propio ojo? ¡Hipócrita! Primero quita el tronco de tu ojo; después verás lo suficientemente bien para ocuparte de la astilla en el ojo de tu amigo" (Lucas 6:41-42).

En el estilo Jesús más auténtico, Él no se anda por las ramas; *nos dice* lo que está mal. Hemos llegado a obsesionarnos tanto con lo que está mal en los demás y la necesidad que tienen de enmendarlo, que no nos queda tiempo ni energía para trabajar en los problemas que nos obstaculizan a nosotras. Piensa durante un momento en la metáfora que Jesús utiliza. La persona que está a tu lado tiene una astilla en su propio ojo. Las astillas son molestas y causan irritación, pero no amenazan la vida. Los troncos pueden causar un daño permanente e irreparable. Los troncos son más que una inconveniencia, son críticos. Dados estos dos escenarios, astilla y tronco, ¿cuál de ellos necesita ser tratado?

Cristo nos dice que tenemos que dejar de buscar la astilla en el ojo de otra persona y ocuparnos del tronco que hay en nuestro propio ojo. En esencia, lo que Él dice es que necesitamos dejar de hacer juicios que con frecuencia están basados en suposiciones. Nuestro papel en la vida no es el de ser buscadoras de errores en los demás, sino más bien debemos echar una seria mirada a nuestros propios defectos. Cuando seamos conscientes del tronco que hay en nuestra propia vida, no nos preocuparemos de la astilla que hay en las vidas de los demás.

Investigación y empatía

Existe una muy buena razón para que Dios nos haya dado dos ojos y dos oídos, pero una sola boca. Debemos tomar más de lo que damos al utilizar nuestros ojos y oídos para reunir información de múltiples fuentes. Necesitamos tener los oídos y los ojos de Jesús e implicarnos en las vidas de las personas de modo que podamos ver y entender sus circunstancias.

La empatía es una medida correctiva que tendrá un pronunciado efecto positivo en las relaciones. Cuando nos ponemos en el lugar de la otra persona, nos identificamos con su situación y la comprendemos. Esto supone tiempo y esfuerzo, lo opuesto a sentarnos en el asiento del juez y suponer que lo sabemos todo. Hacer suposiciones puede llevarnos por muchos caminos, pero pedir aclaraciones, intentando entender lo que ha sucedido en las vidas de las personas, y escuchar su perspectiva creará una oportunidad para que haya empatía en lugar de juicio. Hay un viejo dicho lleno de una gran sabiduría: "Antes de juzgar a alguien, camina una milla con sus zapatos". Durante esa milla podemos aprender mucho sobre la vida de la persona, sus luchas, su experiencia y su situación actual.

Las personas que hacen suposiciones tienden a hacer pocas preguntas. Habiendo tomado ya una decisión, prefieren pensar que tienen razón en lugar de buscar evidencia que pudiera contradecir su postura. Las personas que tienen el don de la empatía hacen preguntas, escuchan, aprenden y conceden el beneficio de la duda. Buscan entender en vez de ser rápidas para juzgar. Preguntas claras como: "Esto es lo que yo veo, ¿puedes ayudarme a entender lo que está pasando en tu vida?" tienen un efecto muy distinto en las relaciones al de afirmaciones como: "Así eres tú, y ahora necesitas tratar eso".

Me resulta instructivo que Jesús, Dios encarnado, que lo

sabía todo de cada persona que le rodeaba, escogiera hacer preguntas. ¿Por qué el Dios que todo lo sabe se molestó en investigar? Yo creo que se debe a que Jesús sabía que las buenas preguntas pueden ser el ímpetu para la transformación. Las preguntas atraen a las personas a la relación.

Mostrar gracia

Habrá situaciones que requerirán que establezcamos juicios en cuanto a si algo es bueno o malo. No estoy sugiriendo que deberíamos evitar adoptar una postura contra lo malo. Pero cuando tengamos que tomar decisiones difíciles, deberíamos hacerlo con un corazón que desee la restauración. Cristo tuvo una interacción con una mujer que acababa de ser agarrada en pecado y era culpable según la ley. Ella tenía un tronco; pero Jesús le mostró gracia.

La historia se relata en Juan 8:1-11:

> Jesús regresó al monte de los Olivos, pero muy temprano a la mañana siguiente, estaba de vuelta en el templo. Pronto se juntó una multitud, y él se sentó a enseñarles. Mientras hablaba, los maestros de la ley religiosa y los fariseos le llevaron a una mujer que había sido sorprendida en el acto de adulterio; la pusieron en medio de la multitud. "Maestro —le dijeron a Jesús—, esta mujer fue sorprendida en el acto de adulterio. La ley de Moisés manda apedrearla, ¿tú qué dices?".
>
> Intentaban tenderle una trampa para que dijera algo que pudieran usar en su contra, pero Jesús se inclinó y escribió con el dedo en el polvo. Como ellos seguían exigiéndole una respuesta, él se incorporó nuevamente y les dijo: "¡Muy bien, pero el que nunca haya pecado que tire la primera piedra!". Luego volvió a inclinarse y siguió escribiendo en el polvo.
>
> Al oír eso, los acusadores se fueron retirando uno tras otro, comenzando por los de más edad, hasta que que-

daron solo Jesús y la mujer en medio de la multitud. Entonces Jesús se incorporó de nuevo y le dijo a la mujer:

—¿Dónde están los que te acusaban? ¿Ni uno de ellos te condenó?

—Ni uno, Señor —dijo ella.

—Yo tampoco —le dijo Jesús—. Vete y no peques más.

Jesús, el Hijo de Dios sin pecado, tenía todo el derecho a condenarla, basándose no en suposiciones sino en los hechos que le presentaron. Pero como es tan característico del carácter de Dios, mostró *gracia* a esa mujer. Me pregunto qué habríamos hecho nosotras si hubiéramos estado con Jesús aquel día. ¿Habríamos escogido el juicio por encima de la gracia?

Sin duda, habrá veces en que tengamos que tomar decisiones difíciles, pero imagina lo que se desarrollaría en nuestras relaciones si cambiásemos suposiciones, evaluación y juicios por empatía, investigación y gracia. La Regla de Oro nos dirige a tratar a los demás del modo en que nos gustaría ser tratadas. Las Escrituras dicen que toda la ley se resume en: "Ama a tu prójimo como a ti mismo" (Gálatas 5:14). A veces juzgamos muy rápido lo que hacen las personas y las golpeamos con la ley, pero no les mostramos nunca amor.

No deban nada a nadie, excepto el deber de amarse unos a otros. Si aman a su prójimo, cumplen con las exigencias de la ley de Dios. Pues los mandamientos dicen: "No cometas adulterio. No mates. No robes. No codicies". Estos y otros mandamientos semejantes se resumen en uno solo: "Ama a tu prójimo como a ti mismo". El amor no hace mal a otros, por eso el amor cumple con las exigencias de la ley de Dios (Romanos 13:8-10).

El puente relacional entre Dios y nosotras está construido sobre el amor que se evidencia en que Dios nos muestra gracia. "Pero Dios mostró el gran amor que nos tiene al enviar a Cristo a morir por nosotros cuando todavía éramos pecadores" (Romanos 5:8). Todos somos culpables. Ninguno merece la gracia de Dios, pero Él la sigue dando. Por definición, gracia es dar favor inmerecido. La gracia, ya sea que Dios nos la muestre a nosotras o que nosotros la mostremos a los demás, siempre es inmerecida. "Porque al igual que todos los riachuelos que salen de un manantial limpio son tan limpios como el manantial mismo, así las obras de un alma en Gracia son agradables ante los ojos de Dios y de los hombres".[2]

La historia de Ester

En el breve relato de la vida de Ester, hay mucho que no se nos dice. No se dice nada del modo en que ella se sintió durante su primera noche con el rey, ni tampoco de las emociones que experimentó cuando fue separada de Mardoqueo para ser parte del harén del rey. Hay mucho que podríamos suponer con respecto a esas situaciones. En cambio, veamos simplemente las veces en que Ester se negó a hacer suposiciones y en vez de ello, investigó la realidad de las situaciones. Fue esa información la que le permitió tomar decisiones basadas en hechos en lugar de en suposiciones.

Ester vivía en el enclave del palacio en Susa. Como una mujer de aquella época, ella habría tenido mayor independencia de la que hoy día evidencian muchas mujeres que viven en las regiones del Oriente Medio. Era común, en particular para las mujeres de la realeza, tener "independencia económica, participar en la administración de los asuntos económicos y viajar y controlar su riqueza y su posición siendo activas, decididas y emprendedoras".[3] Pero los asuntos del reino los trataban el rey y sus nobles. Por tanto, habría sido razonable que Ester no fuese consciente del edicto que se había promulgado para aniquilar al pueblo judío. Puede que el rey no hubiese hablado de tales asuntos con ella. Ella dependía de que las noticias llegasen al palacio provenientes de otras fuentes.

Mardoqueo, por otro lado, estaba en medio de la acción.

La mujer en su lugar de trabajo

Trabajaba en la corte del rey como escriba, y vivía en la comunidad donde recibía más noticias. Al enterarse del devastador anuncio, "se rasgó su ropa, se vistió de tela áspera, se arrojó ceniza y salió por la ciudad llorando a gritos con un amargo lamento" (Ester 4:1). Los actos de Mardoqueo pronto llegaron a oídos de Ester, y ella se inquietó mucho por su conducta. ¿Qué podría haber sucedido que causara que Mardoqueo tuviera un amargo lamento? ¿Habría muerto alguien cercano a su familia? ¿Habría perdido favor en la corte y habría sido expulsado? ¿Habría sido manchada su reputación o la de su familia?

Ester no desperdició tiempo alguno haciendo suposiciones. Antes bien, buscó esclarecer las cosas enviando a uno de los eunucos que le atendían para descubrir la razón que había detrás de sus actos. Imagina si Ester hubiera supuesto que Mardoqueo simplemente estaba llevando a cabo uno de los muchos papeles ritualistas que se requerían en su cultura, o si ella hubiera quedado paralizada por los temores que su imaginación podría haber provocado. En cualquier caso, Ester estaba en una posición para tomar decisiones que tendrían efecto en ella y en las personas que le rodeaban, especialmente si ella no investigaba la verdad a pesar de lo buena o lo mala que pudiera haber sido esa verdad.

Resultados relacionales

Julia relata que enterarse de la verdadera situación de su desaliñado compañero de trabajo fue lo que al final rompió su tendencia a establecer juicios y le mostró el modo en que afectaban negativamente a sus relaciones.

Él no había salido a emborracharse; acababa de llegar del hospital, donde había pasado toda la noche sentado al lado de la cama de su madre mientras ella batallaba con todas sus fuerzas en las últimas etapas de una enfermedad debilitante. Su compañera normalmente ruidosa se había quedado en silencio porque había estado planeando un acontecimiento sorpresa para fomentar el espíritu del equipo, y no porque estuviera hablando

El juicio disuelto por la gracia

de Julia. El jefe de Julia no tenía intención de darle ninguna advertencia ni tampoco una notificación de despido; quería darle las gracias por las mejoras que estaba viendo en la calidad de su trabajo. Cuando Julia se dio cuenta de lo mucho que había errado con respecto a sus situaciones en su lugar de trabajo, comenzó a preguntarse en qué había hecho suposiciones y juicios en otras relaciones.

Un ejemplo parecido se describe en las Escrituras:

> Mis amados hermanos, ¿cómo pueden afirmar que tienen fe en nuestro glorioso Señor Jesucristo si favorecen más a algunas personas que a otras? Por ejemplo, supongamos que alguien llega a su reunión vestido con ropa elegante y joyas costosas y al mismo tiempo entra una persona pobre y con ropa sucia. Si ustedes le dan un trato preferencial a la persona rica y le dan un buen asiento, pero al pobre le dicen: "Tú puedes quedarte de pie allá o bien sentarte en el piso", ¿acaso esta discriminación no demuestra que sus juicios son guiados por malas intenciones? (Santiago 2:1-4).

Al igual que el granizo comienza con una mota de polvo en el centro y capa sobre capa de agua que se reúne y se congela, así las suposiciones pueden comenzar con una pizca de realidad. Nuestra imaginación crea hipótesis y conclusiones que pueden acumularse y pueden causar una gran destrucción. Las pequeñas suposiciones sobre el carácter y los motivos de las personas crean inmensos abismos entre nosotros que hacen que nuestros corazones y mentes se endurezcan y se cierren a su verdadera situación. Tales actitudes del corazón matan la gracia.

A fin de desarrollar una relación, necesitamos construir puentes. Cuando buscamos lo mejor en los demás, escuchamos, aprendemos, empatizamos, amamos y ofrecemos gracia, construimos puentes relacionales que pueden demostrar ser un salvavidas entre nosotros. Para interesarnos por alguien, debemos soltar las ideas preconcebidas y renunciar a nuestras expectativas de esa persona. Para interesarnos por alguien, debemos reconocer su situación actual y hacerle el regalo de la gracia y la aceptación, entendiendo que lo que nosotras vemos es solo una capa muy fina de todo lo que constituye esa persona. El amor piadoso toma lo que se le presenta y busca explorar y descubrir más sobre esa persona de modo que pueda ser celebrada, y no juzgada. El amor piadoso ofrece gracia.

Todas hemos experimentado el dolor de juicios que subestiman, críticas que atraviesan, reproche unido a la burla, desaprobaciones injustificadas y planes personales envueltos en retórica religiosa. Sabemos lo doloroso que es estar en el extremo receptor de todos esos productos de la caída de la humanidad. Sin embargo, añadir las medidas correctivas de empatía, investigación y gracia producirá un cambio relacional.

Versículos para el estudio

Romanos 2:1-4
Juan 7:24
Santiago 4:11-12
1 Tesalonicenses 5:11
Juan 8:1-11
Lucas 6:41-42
Romanos 13:8-10
Gálatas 5:13-15
Santiago 2:1-4
Mateo 12:33-37

El juicio disuelto por la gracia

Preguntas para la reflexión

1. ¿En qué tipo de situaciones te encuentras haciendo rápidas suposiciones y juicios acerca de otras personas? ¿Hay una correlación entre tus mayores fortalezas o tus mayores debilidades?

2. ¿En qué situaciones podrías hacer más preguntas y de este modo hacer menos suposiciones?

3. ¿Cómo podrías mostrar gracia en tu lugar de trabajo en vez de juzgar a los demás?

6
La envidia rechazada por la celebración

Anteriormente, a Carol le encantaba su trabajo. Había trabajado duro para estar muy por encima de las expectativas de su jefe. A pesar de su creatividad y diligencia, el ámbito de trabajo había superado sus capacidades. Susana, una nueva asistente, fue contratada para trabajar al lado de Carol. Al anunciar su llegada, el jefe pasó por todas las formalidades normales, pero después terminó su introducción diciendo: "Susana, no puedo decirle lo emocionado que estoy por haberla encontrado y haberla traído a este equipo. Ahora podremos hacer las cosas en orden, ¡y hacerlas bien! Es usted una persona muy dotada y talentosa, justo lo que este equipo ha estado necesitando".

Al principio, Carol celebró la llegada de su nueva compañera de trabajo, pero la semilla de la comparación quedó plantada en su corazón cuando decidió considerar las presentaciones oficiales como una bofetada contra ella y una exaltación de Susana. *¿Realmente había sido su trabajo tan deficiente? ¿Era ella considerada menos que adecuada para realizar el trabajo?* Las comparaciones que se desarrollaron en su mente dieron lugar a un santurrón enojo arraigado en los celos. Ese sentimiento de ser "menos que" solamente sirvió para distanciarla de los demás en la oficina. La envidia que Carol sentía por esa nueva mujer evitaba que quisiera llegar a conocerla.

Con cada proyecto que Carol entregaba, trabajaba más duro para demostrar que ella era un miembro del equipo mejor y más valioso. Le carcomía la necesidad de demostrar lo buena que ella era.

En su evaluación anual, su jefe destacó que su trabajo había sido de la más alta calidad, pero expresó preocupación en cuanto a que ella se hubiera vuelto más aislada y estresada, lo cual estaba poniendo en un compromiso su capacidad de ser un miembro fuerte del equipo. Ya que eso era un valor muy estimado, pusieron a Carol en período de prueba. Tenía que mejorar sus capacidades interpersonales a fin de ser un miembro de equipo mejor y mantener su puesto.

Carol tenía que evaluar su corazón. *¿Era la competición que ella percibía con Susana un reflejo de la realidad? ¿Veía su jefe a Susana como más valiosa que Carol? ¿Y si así era? ¿Acaso no estaba bien que alguien fuese mejor que ella? ¿Por qué era tan importante para ella estar en lo más alto?* Carol se dio cuenta de que el problema no era la comparación del jefe; la batalla estaba en su propia mente y corazón. Ella había permitido que la comparación malsana produjese el pecado de la envidia. El abismo relacional era más grande.

¿Ves el problema?

La envidia y las comparaciones causan fracturas en las relaciones. Experimentamos los efectos de este pecado cuando una compañera de trabajo recibe el ascenso que habíamos pensado que sería para nosotras, y decidimos alejarnos en lugar de darle la felicitación que merece. Lo experimentamos cuando estamos sentadas en una reunión y escuchamos a un compañero de trabajo desarrollar una solución creativa que tuvo su comienzo en una conversación con nosotras, pero él o ella acepta todo el mérito. Lo experimentamos cuando una de las personas de nuestra plantilla anuncia que su esposo y ella se van de crucero,

La envidia rechazada por la celebración

y en seguida recordamos nuestra propia letanía de vacaciones comparadas con las de ella.

La envidia y los celos corren a rienda suelta en los corazones y las mentes de las mujeres. Puede que seamos envidiosas de nuestros compañeros de trabajo que parece que no tienen que compaginar trabajo y problemas en el hogar, o del rápido avance de nuestra amiga por el escalafón corporativo. La envidia no está limitada a nuestros papeles en el lugar de trabajo. Comparamos la talla de nuestra ropa y nuestros salarios, a nuestros esposos y nuestras casas, nuestros dones espirituales y nuestros logros. La envidia puede infiltrarse en cualquiera de nuestras relaciones, pero tiene la mayor presencia en nuestras relaciones con otras mujeres. ¿A qué se debe eso?

Cuando vemos a alguien como rival, le consideramos una amenaza para nuestro bienestar, estatus o potencial. Nuestros mayores competidores son quienes están en una posición igual a nosotras pero tienen el potencial de sobrepasarnos en cierto modo en alguna área en la cual nos sintamos particularmente susceptibles. Un asistente administrativo no es probable que vea al director general como alguien con quien competir; pero en el caso de otro asistente administrativo, es otra historia.

La envidia y los celos son pecados que se remontan hasta el comienzo del tiempo. Adán y Eva fueron tentados cuando la serpiente avivó dentro de ellos el deseo de ser libres de los límites que Dios les había establecido. La serpiente los tentó con el deseo de ser *como* Dios. Imagina los pensamientos que recorrieron la mente del ser creado cuando le ofrecieron la oportunidad de ser tan bueno como el Creador. Donde solamente había habido pensamientos de gratitud y reconocimiento de una posición menor, ahora, basándose en la sugerencia de la serpiente, existía la oportunidad de cerrar la brecha. Nuestros corazones se hincharían de orgullo. "Imagíname a mí, un dios. Eso suena muy bien. Sí, puedo verme a mí mismo como un dios estupendo".

En este pecado inaugural, la comparación que condujo

La mujer en su lugar de trabajo

a la envidia y el orgullo fue plantada en los corazones de la humanidad. Quizá exista una relación entre que Eva fuese quien sucumbió al disfraz de la serpiente y la fuerza que la envidia tiene en los corazones de las mujeres. No es nada común encontrar a una mujer que pueda decir sinceramente que ella no se compara de ninguna manera con otra mujer. Sé que yo misma no estoy exenta.

Me considero una buena mujer cristiana. Asisto a la iglesia; leo mi Biblia; sigo los Diez Mandamientos; soy amable y amorosa con la mayoría de las personas. Según toda la evidencia, no me va demasiado mal en esta vida cristiana, a menos que pudieras leer mis pensamientos. Me estremezco ante la idea de que alguien capte y reproduzca delante de todo el mundo los pensamientos que pasan por mi mente. Quizá yo no sea tan buena como creía.

Durante años he tenido una lucha continuada pero muy privada, al menos era privada hasta este momento. Dondequiera que esté, en una cafetería, un aeropuerto o el banco de una iglesia, me encanta observar a las personas. Si me estuvieras mirando mientras yo observo a las personas, pensarías que sencillamente estaba observando; pero lo que no verías es que con mucha frecuencia critico a las personas que pasan. Por doloroso que sea, permíteme darte un destello de mis pensamientos para mostrarte lo despreciable que puedo llegar a ser.

Al salir hacia un viaje de negocios, siento ganas de felicitarme a mí misma por mi aspecto, mi carrera y mi vida en general. Mientras estoy sentada en el aeropuerto, me comparo con las personas que me rodean.

Observo a la persona A:

Ella parece más alta que yo, ¿o son solamente los taconazos que hacen que sus piernas parezcan más largas y esbeltas? Nunca podré entender cómo alguien puede viajar con unos tacones tan altos. Parecen ser zapatos caros de cuero italiano que probablemente tengan una cualidad especial para dejar entrar el

La envidia rechazada por la celebración

aire. Probablemente yo podría manejarme bien con tacones altos en los vuelos si tuviera unos zapatos de cuero tan bonitos, si tuviera tan poco peso como ella, y si tuviera un presupuesto que me permitiera viajar en primera clase. Al ser tan delgada, probablemente no tenga ningún problema con que se le hinchen los pies.

Entonces llega la persona B con pantalones deportivos:

En realidad, apenas se les podrían llamar pantalones deportivos; son más parecidos a poliéster ajustado que debería haber dejado en el gimnasio. Sin embargo, no parece que ella haya estado en el gimnasio a juzgar por el peso extra que lleva dentro de esos pantalones.

Yo ya no siento que tengo que meter el estómago. Por el contrario, me siento bastante eufórica por mi figura al lado de la persona B.

La persona C, un hombre sentado a mi lado, está hablando por su teléfono celular. A medida que la conversación se va acalorando, me veo atraída hacia esa conversación de una sola parte.

Él se expresa muy bien; es obvio que es un exitoso hombre de negocios. Es muy hábil para mantener sus convicciones. Si yo me expresara tan bien y tan fuerte como él, no me acobardaría en las conversaciones difíciles. Soy patética.

Se acerca la persona D arrastrando a cuatro niños pequeños:

Se le ve desaliñada. ¿Por qué querría cualquier mujer sensata sacar de la cama a cuatro bebés para agarrar el vuelo de las siete de la mañana? Al menos yo programo que mi familia no vuele tan temprano para poder tener tiempo de llegar al aeropuerto y vernos como la familia perfecta. Qué mal que ella no pueda asistir a uno de mis talleres sobre cuidados maternales.

La mujer en su lugar de trabajo

Esta letanía de críticas y comparaciones suceden todas ellas en un período de dos minutos. Imagina cuántos juicios puedo hacer al final del día. Mis pensamientos están llenos de comparaciones, evaluaciones y envidia. Yo soy el ejemplo de la condenación de Jesús a los fariseos:

> ¡Qué aflicción les espera, maestros de la ley religiosa y fariseos! ¡Hipócritas! Pues son como tumbas blanqueadas: hermosas por fuera, pero llenas de huesos de muertos y de toda clase de impurezas por dentro. Por fuera parecen personas rectas, pero por dentro, el corazón está lleno de hipocresía y desenfreno (Mateo 23:27-28).

Puede que te preguntes por qué uso estos ejemplos de mi propia vida. ¿Qué tienen que ver con el lugar de trabajo? La razón es que muchas de las historias que las mujeres me cuentan indican que gran parte de nuestra envidia surge de asuntos esencialmente triviales. Afirmaciones como: "Me di cuenta de que la verdadera razón de que no me cayera bien era porque ella se veía mejor que yo" o "Ella era más inteligente que yo porque utilizaba un determinado software, y por eso todos acudían a ella buscando ayuda. Me siento tonta". Este diálogo interior de comparaciones afecta a nuestras relaciones.

Cuando yo critico a las personas que me rodean, me deleito en el impulso que obtiene mi autoestima al encontrar a alguien a quien considero menos capaz, menos hermosa, menos expresiva o menos arreglada que yo. Entonces el péndulo cambia, y me encuentro a mí misma al lado de alguien que por comparación lo tiene todo perfecto, y yo salgo perdiendo. El columpio de la comparación en el que escojo subirme me distancia de Dios, su autocondenación desgarra mi alma y amplía el abismo relacional.

La progresión del pecado

Considera lo que dice Santiago acerca de la progresión del pecado:

La envidia rechazada por la celebración

Cuando sean tentados, acuérdense de no decir: "Dios me está tentando". Dios nunca es tentado a hacer el mal y jamás tienta a nadie. La tentación viene de nuestros propios deseos, los cuales nos seducen y nos arrastran. De esos deseos nacen los actos pecaminosos, y el pecado, cuando se deja crecer, da a luz la muerte (Santiago 1:13-15).

La envidia toma lo que de otro modo podría ser una comparación benigna con otra persona y nos seduce a querer cerrar la brecha. El pecado es concebido en nuestro corazón cuando nos negamos a aceptar la brecha. A medida que la envidia madura, se manifiesta haciendo que nos apartemos (una incapacidad para celebrar a otros) o nos volvamos agresivas, tratando a los demás como rivales: el espíritu crítico. Ambas cosas destruyen relaciones.

¿Cómo se ha metido eso en nuestras vidas? Me atrevo a decir que inunda nuestras vidas.

- Comparamos nuestros cuerpos: *Me gustaría que mi figura fuese como la de ella.*
- Comparamos nuestras situaciones en el trabajo: *Si yo pudiera salir con las personas adecuadas después del trabajo, entonces habría conseguido ese ascenso y ahora sería la persona sentada en la oficina de la esquina.*
- Comparamos nuestras posesiones materiales: *Me gustaría tener el auto de moda y una casa grande como los que tiene el tipo del final del pasillo.*
- Comparamos a los hombres en nuestras vidas: *Ojalá mi novio se comportase como el esposo de mi compañera de trabajo. ¡Él sí que sabe tratar a una mujer!*
- Comparamos nuestra espiritualidad: *Yo soy mucho mejor que ella a la hora de mostrar humildad.*
- Comparamos nuestra valía para Dios: *Si yo no fuese un fracaso, Dios me amaría más, y entonces Él encontraría maneras de usarme como la usa a ella.*

Creo que nuestra comparación y la envidia que produce entristecen el corazón de Dios. ¿Por qué? Porque es un pecado que nos separa de Dios y de los demás, porque la envidia es un pecado. La envidia corre a sus anchas, así que debemos mantenerla a raya si queremos construir relaciones sanas.

Medidas correctivas

Hay tres cosas que debemos hacer para construir un puente relacional donde ha prevalecido la envidia. La primera es reflexionar en nuestros pensamientos, la segunda es detener los pensamientos equivocados, y la tercera es ser plenamente conscientes de que Dios nos acepta. Cuando apliquemos estos principios, nos sorprenderemos ante los efectos positivos que pueden tener en nuestras relaciones.

El primer paso es discernir áreas en las cuales estemos permitiendo que el pecado de la envidia obtenga ventaja. Yo creo que la envidia es concebida cuando permitimos que nuestra mente entretenga pensamientos de comparación. Puede que observemos diferencias en las personas, pero en ese punto inicial llegamos a una bifurcación en el camino, y debemos tomar una decisión en una décima de segundo con respecto a dónde van a llevarnos esos pensamientos.

Cuando vemos a una mujer recibiendo la atención de los hombres en el lugar de trabajo porque logró hacer su trabajo rápidamente y tiene tiempo libre mientras nosotras seguimos esforzándonos por terminar nuestra tarea, ese es el punto en el cual nos enfrentamos a una decisión. La bifurcación en el camino nos llevará por el sendero de la celebración o por el sendero de la evaluación que conduce a la envidia.

A fin de liberarnos de la envidia en nuestras vidas, debemos pedir a Dios que nos cambie haciéndonos conscientes de los pensamientos que entretenemos y que no son agradables para Él. Cuando yo le pedí a Dios que me revelase el pecado que había en mis pensamientos, me sorprendió darme cuenta de la cantidad de espacio cerebral y de los minutos empleados cada

La envidia rechazada por la celebración

día en la comparación. Entendí que la única manera de que pudiera evitar que mis pensamientos me llevasen por el camino equivocado era acudir a Dios para que Él me ayudase a descubrir el camino del amor y la celebración de los demás. Antes de abrir mi corazón al Espíritu de Dios, yo era incapaz de ver dónde me estaban llevando mis pensamientos. Entonces tuve que darme cuenta de mi desesperada necesidad de la ayuda de Dios para reconvertir mis patrones comparativos.

El pasaje de 1 Corintios 13, "el capítulo del amor", nos dice que el amor no tiene envidia. Cuando le preguntaron a Cristo cuál era el mayor mandamiento, Él respondió: "Amarás al Señor tu Dios con todo tu corazón, con toda tu alma y con toda tu mente. Este es el primer mandamiento y el más importante. Hay un segundo mandamiento que es igualmente importante: Amarás a tu prójimo como a ti mismo" (Mateo 22:37-39). En estas palabras se nos enseña a amar a Dios con nuestra mente. Si entregamos nuestra mente a la comparación, eso conduce a la envidia, y le estamos diciendo a Él que lo que creó no es lo bastante bueno. La comparación que conduce a la envidia nos impide amar. No es sorprendente que yo batallase por amar a Dios, a mí misma y a los demás. Yo no tenía tiempo para amar, pues demasiado tiempo de mi día era empleado en mantener un seguimiento y compararme a mí misma con otras personas. Somos llamados a buscar "verdad en lo íntimo" (Salmos 51:6), y Dios es quien difunde la verdad.

Si nuestro enfoque está en Dios y en absorber la opinión que Él tiene de nosotras, haremos como el salmista nos exhorta: "Hazme andar por el camino de tus mandatos, porque allí es donde encuentro mi felicidad. Dame entusiasmo por tus leyes en lugar de amor por el dinero. Aparta mis ojos de cosas inútiles y dame vida mediante tu palabra" (Salmos 119:35-37). Debemos apartar todas las cosas inútiles en las cuales nos enfocamos a fin de alimentar una actitud de contentamiento y gratitud.

Las comparaciones en las que yo participaba provenían de una falta de contentamiento con respecto a quién era yo y mi situación en la vida. Yo había rechazado la aceptación que Dios tenía de mí. A fin de experimentar verdadero contentamiento, debo creer que soy aceptada por Dios. "Dios no acepta a las personas porque ellas estén 'a la altura', porque sean inocentes, o fuertes, o admirables... Dios nos acepta plenamente aunque Él también nos conoce totalmente: nuestras debilidades, nuestro pecado y todo lo demás. Él conoce íntimamente todos nuestros caminos... sin embargo, nos acepta ahora y para siempre".[1]

"Los que el Padre me ha dado, vendrán a mí, y jamás los rechazaré" (Juan 6:37). Las Escrituras no dicen que Jesús murió solamente por quienes se portaban bien, por quienes serían de algún valor para Él o por quienes están un poco por encima de la media. No, dice que Cristo murió "por nosotros cuando todavía éramos pecadores" (Romanos 5:8). Dios ve valor en nosotras, incluso cuando estropeamos las cosas. Nada que hayamos hecho, podamos hacer o haremos causará que Dios nos ame menos.

Nunca es cuestión de si somos o no somos mejores que otra persona. Siempre habrá personas que serán más rápidas, más inteligentes, más expresivas, más delgadas, más adecuadas, más felices o más ricas, por nombrar solamente algunos aspectos en que unos sobrepasan a otros. El problema no es dónde estemos situadas; es que salgamos del juego de establecer comparaciones. Debemos soltar el impulso de llegar a lo más alto, de ser mejores que la otra persona. Se nos amonesta a estar contentas con lo que tenemos (ver 1 Timoteo 6:6). Ese es el lugar donde encontraremos autoaceptación.

El apóstol Pablo da testimonio en cuanto a aprender el contentamiento:

> No que haya pasado necesidad alguna vez, porque he aprendido a estar contento con lo que tengo. Sé vivir con casi nada o con todo lo necesario. He aprendido el secreto de vivir en cualquier situación, sea con el estómago lleno o vacío, con mucho o con poco (Filipenses 4:11-12).

Nuestro contentamiento debe estar arraigado en nuestra relación con Dios. Cuando estamos vestidas del Señor Jesucristo (Romanos 13:14), se vuelve irrelevante comparar nuestro armario con el de la mujer que tenemos trabajando al lado. Estaremos contentas con el armario que Dios nos ha dado, y dejaremos de esforzarnos por ser mejores que los demás. De hecho, estaremos agradecidas por la ropa que podemos vestir hoy al igual que por la ropa que tenemos en casa en el armario.

La conexión Ester

Podrían hacerse muchos juicios sobre Ester. Podríamos decir que ella fue una reina de la belleza que participó en un ritual pagano de poligamia. Podríamos decir que ella ocultó su fe, arriesgando la aniquilación de su nación. Hubo muchas cosas que Ester pareció hacer equivocadamente. Pero si seguimos el ejemplo de Cristo, veremos el bien en Ester y lo celebraremos.

Ester pasó por la agonía de perder a sus padres, y salió fortalecida, no devastada. Absorbió el amor y la enseñanza de Mardoqueo. Entró en el palacio y se enfrentó al reto con confianza y humildad. Adoptó el papel de reina con aplomo e integridad. Mostró humildad en su deseo de pedir a Dios protección y bendición. Se presentó delante del rey con valentía, y después inclinó su rodilla en sumisión a su decreto. Gobernó con justicia y veracidad. Ester fue una mujer que vivió una vida digna de celebración, no debido al modo en que terminó, sino debido a que, en cada paso a lo largo del camino, ella cumplió el propósito para el cual había nacido.

Resultados relacionales

La comparación puede producir resultados saludables si la utilizamos como una marca objetiva para ver áreas en nuestras vidas que tienen necesidad de mejora. También forma la base del concepto de modelar, donde aprendemos al observar otras maneras de mejorar nuestra conducta y desarrollar el carácter. El problema con la comparación llega cuando da lugar a la

La mujer en su lugar de trabajo

envidia y el orgullo, los cuales causan que derribemos a otros para elevarnos a nosotras mismas o que nos flagelemos por no estar dotadas en cierta área hasta el extremo en que otra persona lo está. Lo primero está caracterizado por un espíritu crítico, y lo segundo por una incapacidad de celebrar a los demás.

Cuando aceptemos las medidas correctivas de identificar y detener nuestros pensamientos y después aceptemos con satisfacción la mujer que Dios ha creado en nosotras, detendremos la burla de nosotras mismas y la urgencia resultante de ser mejores que otros. Esto entonces nos hará libres para celebrar a los demás. Lo que me ha sorprendido verdaderamente es que cuando permanezco en el puente relacional que celebra, mis pensamientos de envidia, odio o burla se convierten en oración por estas mujeres, dando como resultado creciente amor y admiración.

¿Cómo se desarrollaría esto en mi conversación interior mientras estoy sentada en el aeropuerto? En lugar de tener celos de la persona A por sus piernas esbeltas y sus ostentosos zapatos italianos, me encontraría diciendo: *Gracias, Señor, porque has provisto tan abundantemente para esa mujer que tiene los recursos para sentirse cómoda cuando viaja en avión. Que dondequiera que vaya, pueda sentir tu aprobación de ella, y bendice sus esfuerzos hoy.*

En lugar de sentir desprecio hacia la persona B, yo oraría: *Señor, ayúdale a sentirse querida y no solo por las personas que le rodean, y que ella pueda conocer en lo profundo de su corazón que tiene un inmenso valor para ti. Si está batallando por perder peso, ayúdale a alejarse de alimentos que no sean sanos. Dale fortaleza.*

Cuando escuchase a la persona C, me encontraría pensando en personas que tengo en mi vida y de las cuales podría aprender algunas de las capacidades que ese hombre muestra, y en lugar de tener envidia de sus capacidades, escucharía para ver si podía aprender algo. (¡Escuchar las conversaciones de los demás es otro tema!).

Finalmente, mientras observaba a la persona D y su séquito, soltaría el sentimiento de superioridad y, en cambio, pediría que

La envidia rechazada por la celebración

Dios le diese paciencia y valentía al viajar con esos cuatro niños pequeños. Descubriría que la estaba observando con empatía, preguntándome si habría habido alguna tragedia familiar que le hubiese obligado a viajar sola. No puedo evitar sonreír cuando recuerdo lo amorosa que ella era con los niños y lo bien que se portaban ellos. Ciertamente, hay mucho que celebrar. Observa cómo la oración crea un corazón de celebración, y se construye un puente de interés hacia personas a las que ni siquiera conozco.

Cuando el Espíritu de Dios ha sacado a la luz nuestros pensamientos, entonces podemos comenzar a andar en un nuevo camino con la fortaleza de Él, un camino que nos lleva a amar más eficazmente a nuestro prójimo y aceptar el amor que Dios tiene por nosotras. Su amor añadido a la ecuación es lo único que detendrá el ciclo de la comparación y la envidia. Intentarlo con más fuerza no funcionará. El dominio propio fracasará. Pedir a Dios que nos ayude a entender y absorber su amor es el único medio que detendrá la envidia.

El fortalecimiento o la erosión de nuestras relaciones comienza en nuestra mente y nuestro corazón. Considéralo del siguiente modo: cada vez que nos comparamos con otras compañeras de trabajo y transitamos el camino de la envidia, estamos tomando un martillo y debilitando o incluso rompiendo nuestro puente relacional. Cada vez que escogemos celebrar quiénes son los demás y escogemos amarles, estamos construyendo y fortaleciendo el puente.

Cada día cuando vayas a tu lugar de trabajo, está atenta a las maneras en que puedes celebrar. Alienta a las personas, y felicítalas por el trabajo que están haciendo. Da gracias a alguien por ir más allá de lo que se espera. Busca algo positivo en todas las personas que te encuentres, y hazles un cumplido sincero. Sé conocida como una mujer que derrocha optimismo. Nuestras vidas y las vidas de nuestros compañeros de trabajo son dignas de celebración. Cada persona con la que nos relacionamos, cada paso que damos, cada tarea que hacemos, cada sueño cumplido se convierte en una razón para celebrar. Encuentra una razón

La mujer en su lugar de trabajo

cada día para celebrar a otra persona, y observa cómo se desarrollan esos puentes relacionales.

¡Que comience la celebración!

Versículos para el estudio
1 Corintios 13:4
Santiago 1:13-15
Salmos 119:35-37
1 Timoteo 6:6-10
Mateo 23:27-28
Filipenses 4:11-13
Gálatas 5:22-26
Jeremías 17:9-10
Proverbios 30:12-13
Santiago 3:13-18

Preguntas para la reflexión

1. ¿En qué áreas tiendes a compararte con los demás: rendimiento en el trabajo, capacidades, posesiones, cuerpo, relaciones?

2. ¿A quién te sientes superior o inferior?

3. ¿Quién es la persona por la que te resulta más difícil orar? Pide a Dios que te revele si estás albergando envidia hacia ella.

7

Soy parte de un equipo

Las relaciones en el ámbito laboral requieren trabajo en equipo. Si realizas tu trabajo tú sola, entonces necesitas llevarte bien solamente contigo misma; pero si trabajas al lado de al menos otra persona, eres parte de un equipo.

Aunque un equipo es una entidad, está constituido por diferentes individuos que contribuyen cada uno a su éxito y su lucha. Los equipos eficientes no se producen porque sí. Para que una persona sea exitosa, es imperativo que entienda a todos los miembros del equipo y entonces descubra maneras de construir y fortalecer relaciones con ellos basándose en la individualidad de cada uno. Las diferencias no resueltas tienen el potencial de erosionar y destruir al equipo. Por el contrario, reconocer las diferencias y fomentar las fortalezas de cada individuo ayudan a mejorar la producción del equipo. Cuando cada persona es capaz de utilizar sus fortalezas, eso ayuda a eliminar la autopromoción y el proteccionismo, y crea un ambiente sano para que un equipo se desarrolle. Dentro de ese entorno es donde pueden desarrollarse relaciones sanas en el lugar de trabajo.

Patrick Lencioni habla de esto en *Las cinco disfunciones de un equipo:* "No la financiación. No la estrategia. No la tecnología. El trabajo en equipo es lo que sigue siendo la ventaja competitiva definitiva, porque es muy poderoso y también muy poco frecuente".[1]

Constituidos de manera única

Cada una de nosotras está constituida de manera única. Cuando trabajamos al lado de otros, se vuelve obvio que enfocamos el trabajo desde diferentes puntos de vista, los procesos que utilizamos para completar las tareas varían, y consideramos los logros desde nuestra propia perspectiva. Estas distinciones se convierten en un obstáculo para llevar a cabo el trabajo o añaden fuerza al mosaico del lugar de trabajo.

Imagina que tu lugar de trabajo es un cuerpo formado por muchas partes, algunas tranquilas, algunas expresivas, unas relajadas y otras motivadas, pero todas ellas necesarias. Lee los siguientes versículos desde la perspectiva de que el cuerpo al que se refiere es realmente tu lugar de trabajo, y las diferentes partes del cuerpo se refieren a los tipos de personas que trabajan allí:

> Así es, el cuerpo consta de muchas partes diferentes, no de una sola parte. Si el pie dijera: "No formo parte del cuerpo porque no soy mano", no por eso dejaría de ser parte del cuerpo. Y si la oreja dijera: "No formo parte del cuerpo porque no soy ojo", ¿dejaría por eso de ser parte del cuerpo? Si todo el cuerpo fuera ojo, ¿cómo podríamos oír? O si todo el cuerpo fuera oreja, ¿cómo podríamos oler? Pero nuestro cuerpo tiene muchas partes, y Dios ha puesto cada parte justo donde él quiere. ¡Qué extraño sería el cuerpo si tuviera solo una parte! Efectivamente, hay muchas partes, pero un solo cuerpo (1 Corintios 12:14-20).

Si somos capaces de ver el valor de la variedad en el lugar de trabajo, tendremos menos probabilidad de intentar cambiar a las personas. Pero eso no impide que esas diferencias nos vuelvan locas. Por tanto, ¿qué opciones tenemos para llevarnos bien con las personas que no son como nosotras? Una opción es seguir trabajando en la misma rutina en la que nos encontramos en la actualidad, caracterizada por molestia, punto muerto, frustración y juicio. Es probable que ese ambiente tóxico aumente hasta el punto en el cual la producción se ve dificultada, los sentimientos son heridos, y puede que empleados clave se vayan. O podríamos escoger construir puentes relacionales al apreciar, e incluso celebrar, la singularidad que aporta cada miembro del equipo.

La variedad añade fuerza

Una parte importante de aceptar las diferencias de los demás es verlos con los ojos de Dios, el Creador. Él no hizo a todos iguales; de hecho, no hizo a dos personas iguales. Él escogió nuestro ADN y luego nos formó en el vientre de nuestra madre (Salmos 139:13) de modo que estuviésemos constituidas de manera específica. Intentar cambiar la personalidad natural de alguien o ridiculizarle por cómo está constituido es criticar al Diseñador. En cambio, que seamos halladas fieles en celebrar a las personas que nos rodean, incluso a quienes son muy distintos a nosotras y puede que amenacen con volvernos locas.

Elena recibió el estudio de las personalidades en muchas formas: colores, animales, varias combinaciones del indicador Myers-Briggs, las descripciones DISC, y otras permutaciones de teorías de la personalidad. Entender lo crítico que era reconocer cuáles eran sus propias fortalezas y debilidades fue igualmente importante para el beneficio de entender las personalidades de las personas que le rodeaban, especialmente quienes estaban en su equipo. Echemos un vistazo a la realidad del equipo de Elena, en el que cuatro de los gerentes son ejemplos clásicos de los cuatro tipos de personalidad.[2]

Jorge, el *popular sanguíneo*, es la persona más ruidosa y más extrovertida en su lugar de trabajo. La ráfaga de emoción que

La mujer en su lugar de trabajo

él crea se ve acentuada por el estilo de su ropa que clama por recibir atención. Si el trabajo tiene algo que ver con las ventas, la promoción o la relación con otros, es probable que él sea la mejor persona para ese papel. En las reuniones de equipo, Jorge está siempre lleno de nuevas e innovadoras ideas. Desdichadamente, es propenso a abalanzarse sobre la oportunidad más novedosa antes de terminar el trabajo rutinario de la última.

Martín personifica al *perfecto melancólico*. Siempre llega al trabajo cinco minutos antes con pantalones perfectamente planchados y camisa almidonada. Es amigable, pero en los ambientes de grupo tiende a ser retraído y observar, y no tiene ningún deseo de ser el centro de atención. Martín es conocido por su detallado análisis y su alta calidad de trabajo. Pasa una gran cantidad de tiempo pensando en los detalles y los procesos antes de hablar. Las expectativas sobre sí mismo son elevadas, y somete a los demás a esa misma norma. El deseo de perfección de Martín rara vez se cumple, y por eso tiene que protegerse para que el escepticismo y la crítica no se cuelen en sus relaciones.

Carol, la *potente colérica*, es conocida como la trabajadora, porque es decidida y centrada, y logra más que ninguna otra persona. Incluso su ropa es funcional: los tacones altos que evitan la velocidad son sustituidos por zapatos bajos, y el negro básico ahorra precioso tiempo a la hora de coordinar los conjuntos. Puede que seas capaz de detectar un aire de impaciencia cuando ella está de pie con sus manos en las caderas o te señala con el dedo delante de la cara mientras te habla. Normalmente se encuentra a cargo de alguna cosa. Tiene la habilidad de notar lo que hay que hacer, y bien lo hace ella misma o delega la tarea a otra persona. Puede parecer mandona y exigente, pero su capacidad de hacer varias tareas y producir procesos orientados hacia la meta se ganan la lealtad de sus compañeros de trabajo.

Fani es la persona más relajada en el departamento. Llega al trabajo vistiendo sus pantalones vaqueros y una camiseta siempre que puede. Su lema como flemática es: "No te preocupes por las pequeñeces", y su tranquilidad atrae a las personas a relacionarse con ella. Tiene una capacidad natural para difuminar la tensión y mediar en soluciones. Fani pocas veces es la primera persona en lanzarse a un proyecto. Más bien, se queda sentada y observa cómo trabaja el equipo, y entonces detecta un lugar en el que siente que ella puede aportar al equipo. Tomar decisiones es difícil para Fani, pero cuando se toma una decisión, ella la respalda firmemente.

Mientras estabas leyendo sobre los compañeros de trabajo de Elena, probablemente fuiste capaz de reconocer a personas en tu ámbito de trabajo que encajan con muchas de las características descritas. Es importante recordar que cada persona con la que trabajamos es un individuo con un historial, conjunto de valores y retos únicos. Es una amenaza para el equipo si hacemos rápidos juicios que sitúan a los miembros en estereotipos. Se necesita tiempo para llegar a conocer a nuestros compañeros de trabajo. A medida que lo hagamos, nuestra perspectiva de ellos se ampliará y profundizará, proporcionándonos así una vista mucho más completa del tipo de personalidad de cada uno.

Este entendimiento nunca debería utilizarse para juzgar o criticar. Cuando se usa de manera constructiva, se convierte en una herramienta útil para entender a quienes nos rodean, permitiéndonos desarrollar estrategias que fortalecerán esas relaciones.

Ahora vamos a escuchar una reunión de estos cuatro tipos de personalidad para echar un vistazo fugaz al modo en que se relacionan los cuatro individuos. A medida que leas, piensa en cómo cada uno de ellos podría mejorar su comunicación con los otros miembros del equipo para que los puentes relacionales fuesen fortalecidos. También, asegúrate de encontrar los paralelismos en tus propias relaciones.

Juntos en un equipo

Se convoca una reunión, y se espera que los cuatro gerentes asistan. Carol es la primera en llegar. Sus archivos están colocados según la agenda para evitar desperdiciar tiempo buscando papeles cuando comience la reunión. Ella ha pensado en los procesos que tienen que producirse y piensa que esa reunión es innecesaria. Su perspectiva es mantener al mínimo la discusión, delegar y después actuar.

Martín es el siguiente en llegar. Ha pasado tiempo haciendo cálculos y ha preparado meticulosamente su presentación. Da un profundo suspiro cuando entra en la sala, repitiendo aún los detalles en su mente. Fani y Jorge llegan juntos. Jorge se está inventando una historia sobre su última aventura, y Fani asiente tranquilamente a medida que ocupa el asiento que está más cercano a la puerta. Cuando se presenta el primer punto de la agenda, Carol se pone de pie, describe un plan y se dirige a la pizarra para dibujar un organigrama. Jorge, que trabaja bien con las imágenes visuales, entra en la conversación de inmediato. Su creatividad y capacidad visionaria le permiten ver fuera del molde. Carol, sin embargo, percibe eso como sorpresas y una amenaza para su plan. La intensidad entre Carol y Jorge aumenta a medida que ambos quieren que se entiendan sus ideas.

Mientras tanto, Martín y Fani observan desde los lados. Finalmente, presa de la desesperación, Carol se gira hacia Martín y dice: "Martín, ¿qué te parece?". Martín no está preparado para esa pregunta. Si ella le hubiera pedido que describiese lo que indicaban sus cifras, habría hablado con confianza de su materia; pero dar una respuesta no preparada a ese nuevo escenario le deja sintiéndose con los labios sellados. Dice balbuceando que necesitará tomar algún tiempo para pensar en el mejor enfoque. Su confianza disminuye con la desesperación de Carol. Es correcta su suposición de que Carol piensa que él es inepto debido a que no puede pensar en el momento tan bien como puede hacerlo ella. Sin embargo, desde el punto de vista aventajado de Marín, él es un miembro del equipo mucho más valioso debido a la precisión y el detalle que aporta a los problemas.

Jorge dirige una sugerencia a Martín, pero a Martín se le está agotando la paciencia por el modo de pensar tan ilusorio

Soy parte de un equipo

de Jorge. Al no considerar las repercusiones de esas ideas, Martín cuestiona cómo alguien puede tomarse en serio a Jorge. Al mismo tiempo, Jorge intenta entender cómo alguien puede ser tan lento y metódico como Martín. Cada uno se siente molesto por el otro.

El estancamiento cada vez mayor alerta a Jorge hacia el hecho de que nadie está dando crédito a sus ideas. Decide cambiar de táctica, esperando conseguir que los demás acepten su concepto. Sabe de primera mano que el ánimo y los comentarios positivos recorren mucho camino a la hora de hacer que las personas se pongan del lado de uno. Se da cuenta de que Fani no ha dicho nada hasta este momento, y por eso le invita a aportar algo. Como pacífica flemática, Fani es conciliadora, y puesto que ha estado observando puede ofrecer una evaluación objetiva sobre cómo llegar a un acuerdo. Carol agarra esta nueva perspectiva, y entonces es capaz de visualizar los pasos siguientes. Martín tiene unos minutos más para formular sus ideas y añade un detalle muy valioso que anteriormente se había pasado por alto.

Cuando la reunión termina, cada miembro se va con pensamientos y sentimientos únicos acerca de lo que ha sucedido. La cantidad de trabajo realizado no es el aspecto más importante para Fani. Saber que ella fue fundamental para poner fin a un estancamiento que había amenazado al equipo es mucho más importante para ella. Es suficiente para Jorge saber que sus ideas fueron aceptadas y que se han convertido en la semilla inicial para el resultado final, y que Fani y Carol expresaron su agradecimiento por sus ideas creativas. Carol sale de la reunión con un plan de acción, pero se deleita con aire de suficiencia en la idea de que, como siempre, ella ha sido la fuerza impulsora. Se encuentra pensando: *¿Es que nadie más ve lo que hay que hacer?* Martín se va con una mezcla de emociones. Carol y Jorge de nuevo se han apropiado del espectáculo. Es cierto que él pudo aportar algunos puntos clave para ser considerados, pero sus horas de preparación y análisis anteriores a la reunión quedaron en cierto modo desperdiciadas a costa de la velocidad y la conciliación.

Fortalecer mediante las fortalezas

Esta reunión de Jorge, Carol, Martín y Fani no fue muy distinta a muchas otras que se habían producido anteriormente. Las personalidades chocaron, se hirieron sentimientos, algunas frustraciones fueron verbalizadas y otras fueron tragadas. Mucha energía emocional fue canalizada para juzgar a las otras personalidades que había en torno a la mesa. Cada uno tenía un tono de celebración por sus propias fortalezas y el valor que cada uno aportó al equipo a la vez que se centraba en las debilidades, deficiencias de aportación y puntos molestos de los demás. Este patrón de centrarse en las debilidades de otros se convierte fácilmente en una redada para un equipo.

En el libro éxito de ventas *Strengths Finder 2.0* [Descubridor de fortalezas 2.0], Tom Rath habla de la investigación dirigida por la Organización Gallop para encontrar el grado hasta el cual los empleados están vinculados o desvinculados a su trabajo. "Lo más sorprendente es el grado hasta el cual tener un gerente que se enfoca en nuestras fortalezas disminuye la probabilidad de que uno se sienta desgraciado en el trabajo. Parece que la epidemia de desvinculación activa que vemos en el ámbito de trabajo cada día es una enfermedad que tiene cura… si podemos ayudar a las personas que nos rodean a desarrollar sus fortalezas".[3] Ayudar a las personas a entender sus fortalezas y después alentarlas a utilizar esas fortalezas para aumentar el éxito del equipo se convertirá en una situación en la que todos salen ganando.

No estoy sugiriendo que se ignoren las debilidades. Es vital conocer nuestras debilidades y el modo en que pueden desarrollarse y convertirse en puntos ciegos. El beneficio de ser parte de un equipo es que el equipo es más fuerte cuando las debilidades de una persona son cubiertas por las fortalezas de otra. Fingir que somos buenos en todo, solamente nos sitúa en riesgo a nosotras mismas y al equipo. La autopromoción y la autoprotección erosionan las relaciones.

De igual modo, cuando tenemos un tono de celebración por nuestras propias fortalezas y el valor que aportan al equipo a la vez que nos enfocamos en las debilidades, las deficiencias de aportación y las molestias de los demás, nuestras relaciones de equipo sufren. Esta mentalidad individualista se describe en estas palabras parafraseadas de Jesús: "¿Cómo esperan lograr algo con Dios cuando pasan todo su tiempo compitiendo por la posición unos con otros, evaluando a sus rivales e ignorando a Dios?" (ver Juan 5:44). Para formar parte de un equipo que tenga fuertes relaciones y trabaje eficazmente, debemos dejar a un lado nuestros deseos de llegar hasta lo más alto solos y considerarnos más bien como una jugadora del equipo en el que todos deben llegar a lo más alto juntos.

Se nos alienta a seguir el ejemplo de Cristo, quien tenía estatus de igualdad con Dios pero de buena gana dejó a un lado los privilegios divinos y se humilló a sí mismo para convertirse en un hombre aquí en la tierra que soportó la muerte en una cruz. Así será para nosotras: "No sean egoístas; no traten de impresionar a nadie. Sean humildes, es decir, considerando a los demás como mejores que ustedes. No se ocupen solo de sus propios intereses, sino también procuren interesarse en los demás" (Filipenses 2:3-4).

En lugar de buscar oportunidades para elevarnos a nosotras mismas, deberíamos buscar maneras de sacar a la superficie las fortalezas de otros. Esto tiene un efecto inmenso para profundizar las relaciones. En lugar de tener una actitud que se felicita a sí misma, deberíamos tomar tiempo y esfuerzo para descubrir las personalidades de las personas con quienes trabajamos y, al hacerlo, aprender cuáles son sus necesidades emocionales.

Aplicar la Regla de Oro

La sociedad lo denomina la Regla de Oro: "Haz a los demás todo lo que quieras que te hagan a ti" (Mateo 7:12). Jesús lo

La mujer en su lugar de trabajo

denominó una sencilla regla general de conducta. Pregúntate a ti misma lo que quieres que las personas hagan por ti; entonces toma la iniciativa y haz lo mismo por ellas. Este es el secreto del éxito en las relaciones. Florence Littauer aplica la Regla de Oro a la importancia de entender las personalidades de los demás.

"Con todas las diversas personalidades que nos encontramos cada día, necesitamos habilidades y ayuda para darles lo que ellos quieren. Debido a que todas las personas tienen diferentes necesidades y deseos según sus personalidades, tenemos que aprender a satisfacer esas necesidades".[4]

Sin percatarnos de ello, nos relacionamos con los demás por medio de nuestra propia personalidad. Cuando esa interacción es con alguien que tiene una personalidad distinta a la nuestra, es como si estuviéramos hablando un idioma que esa persona no entiende. Digamos que esos cuatro gerentes que acabamos de mencionar hablasen chino, español, finlandés y swahili. No importaría si ellos hablasen más alto, más despacio o incluso deletreasen las palabras; si la otra persona no entiende ese idioma, la comunicación es defectuosa. Debemos aprender a comunicar de tal modo que satisfaga las necesidades emocionales de la otra persona.

Esto puede producirse mediante pequeñas cortesías que recorren mucho camino hacia construir puentes relacionales fuertes. Al saber que Martín prefiere formular sus pensamientos antes de hablar, Carol podría haber planteado su pregunta como: "Valoro la aportación de cada uno, y me gustaría saber lo que cada uno de ustedes piensa". Eso reduciría el estrés situado sobre una persona para que hable inmediatamente, y daría a Martín el tiempo para preparar su entrega "perfecta", esencial para un melancólico. En lugar de descartar las ideas creativas de Jorge como ilusorias, Martín podría haber escogido ver lo valiosas que eran esas ideas para el proceso del equipo, incluso aunque fuesen distintas al modo en que él mismo lo habría enfocado. En cuanto a Carol, se habría sentido valorada si alguien le hubiese dado unas palmaditas en la espalda y hubiese

Soy parte de un equipo

reconocido su duro trabajo y su buen ojo para las soluciones en los negocios. Reafirmó a Fani saber que era apreciada y que sus comentarios habían sido útiles.

Con frecuencia en situaciones como la de esa reunión de equipo, una actitud de felicitación propia evita que tomemos el tiempo y el esfuerzo para descubrir las personalidades de las personas con quienes trabajamos y entender sus necesidades emocionales. Al escoger relacionarnos con ellas de maneras que satisfagan sus necesidades emocionales, construiremos puentes con ellas en lugar de profundizar el abismo.

Dejar ir las expectativas de que todos deberían ser como nosotras es un paso importante a la hora de construir puentes relacionales. Ver lo bueno de los demás y aprender cuáles son sus necesidades emocionales fortalecerá esas relaciones. Finalmente, buscar la mejor manera de tratar a los demás para fomentar su sentimiento de autoestima nos ayuda a crear un ambiente en el cual se desarrolla un parentesco. Estas cosas son fundamentales para diseñar, construir y mantener relaciones.

La conexión Ester

Ester pasó su vida alrededor de personas con las cuales desarrolló fuertes relaciones y la capacidad de trabajar juntos. Con la ayuda de Dios, Ester fue capaz de relacionarse con personas de tal modo que las atrajo a una buena relación de confianza y lealtad. Al entrar en el palacio con las demás vírgenes de la tierra, Ester fue situada bajo el tutelaje de Hegai, el eunuco que estaba a cargo del harén del rey. Había algo en el carácter de Ester que atrajo hacia ella a Hegai y a otros, y le otorgó favor con ellos. Eso se repitió con el rey Jerjes, pues ella se ganó su favor y aprobación. Ester era consciente de su necesidad de seguir relacionándose con Mardoqueo, aunque él estaba fuera del palacio y ella estaba dentro. Cuando llegó el momento de orar por las bendiciones de Dios, ella rogó a Mardoqueo que consiguiera que la comunidad judía se uniese a ella y a sus doncellas en un ayuno. Ester es un fuerte ejemplo de alguien que podría haber decidido seguir adelante sola pero que, en cambio, aceptó la fuerza que llega al ser parte de un equipo.

No hay ninguna indicación de que Ester hubiera estudiado cómo utilizar el conocimiento de las distintas personalidades para construir puentes relacionales, pero en virtud del modo en que era capaz de llevarse bien con otros, debió de haber estado compenetrada con las necesidades emocionales de quienes le rodeaban. Ella estuvo atenta cuando hubo un cambio en la conducta de Mardoqueo, y se tomó en serio la representación de tristeza que él hizo, sabiendo que él no solo estaba buscando atención. Ella también fue capaz de discernir, mediante la ayuda de Dios, que Amán estaba lleno de ensimismamiento. Al resaltar su orgullo, ella pudo atraerle y hacerle vulnerable. Invitarle no solo una vez, sino dos, a un banquete apeló a este aspecto de su personalidad. El conocimiento que Ester tenía de Jerjes le habría ayudado a entender las fortalezas y debilidades que él tenía. Su muestra de valentía y su conducta atractiva y a la vez decidida le intrigó tanto que le ofreció cualquier cosa que ella quisiera, incluso la mitad de su reino.

Ester no utilizó su habilidad de llevarse bien con otros para sus propios propósitos egoístas; en cambio, Dios le otorgó la capacidad de construir puentes relacionales para que se desarrollasen los propósitos de Él.

Versículos para el estudio

Gálatas 6:3-5
2 Corintios 13:5
Filipenses 3:12-16
Mateo 7:1-5
1 Corintios 12:12-27
Juan 5:44
Lucas 6:31
Romanos 12:18
Filipenses 1:6

Soy parte de un equipo

Preguntas para la reflexión

1. Enumera todas las fortalezas y debilidades que puedas pensar y que aportas a tu trabajo. Haz lo mismo con las personas con quienes trabajas de cerca. Echa un vistazo a las maneras en que se complementan mutuamente para fortalecer al equipo.

2. ¿Hay algún compañero de trabajo en particular con quien te resulta difícil llevarte bien? ¿Qué partes de su personalidad te irritan? ¿Qué cambio en el corazón necesitas experimentar a fin de mostrar mayor amor a esa persona?

3. ¿Cómo sería si aplicases la Regla de Oro a tus relaciones en tu lugar de trabajo?

8
Yo soy la jefa

Cada día Mónica va al trabajo pensando en el privilegio y también la responsabilidad de su papel. Ha experimentado la verdad de las palabras de Robert Frost: "Al trabajar fielmente ocho horas por día, al final puede que llegues a ser un jefe y trabajes doce horas por día".[1] Ella ha sacrificado vacaciones para abordar un desarrollo crítico que amenazaba la producción. Se perdió la obra de teatro escolar de su hija porque estaba fuera de la ciudad en el seminario anual de fomento del equipo. Se ha angustiado por la pérdida de una amistad cuando fue ascendida y se convirtió en la líder de su amiga en lugar de ser su igual. Ella tiene algunos lamentos, pero en su mayor parte le encanta su trabajo, se desenvuelve en su papel como líder y saborea el privilegio de volcarse en las vidas de su plantilla.

Con frecuencia, sin embargo, cuando regresa a su casa al final de un largo día se siente como una isla. Está rodeada de personas en el trabajo, pero debido a que ella es la jefa, está separada de ellos. Ella es parte del equipo, pero su papel le sitúa en una posición única. Corre el riesgo de volverse aislada, distante y desconectada si conscientemente no construye puentes entre ella misma y sus empleados. En su papel de supervisión, tiene una posición fiduciaria para asegurar que se logren las prácticas de la empresa, pero no es una negrera. Ha recibido suficiente formación de liderazgo para reforzar el valor que atesora en lo profundo de su alma de que la materia prima más importante en cualquier lugar de trabajo son las personas.

Para poner en práctica este valor, Mónica toma coherentemente muchas pequeñas y a la vez importantes decisiones para construir puentes relacionales con las personas que tienen que rendirle cuentas. Cada puente entre ella y un empleado es único; sin embargo, las similitudes están basadas en principios orientativos que dirigen sus actos.

No hay escasez de libros y de artículos escritos para ampliar nuestro conocimiento y para hablar a nuestras experiencias como líderes, y yo aprovecharé la sabiduría de los expertos. A fin de ser leal a mi premisa inicial, difiero nuestro mayor ejemplo de liderazgo a lo que las Escrituras nos dicen sobre Jesús. Su carácter de liderazgo y el modo en que Él trataba a las personas son los dos principios orientativos que aplicaremos a nuestras propias situaciones como supervisoras y líderes. Puede que estemos al timón de una empresa de mil personas, o puede que lideremos a dos. Cualquiera que sea el caso, debemos contemplar nuestro carácter y nuestros actos, inclusive el efecto que tienen en la construcción de un puente relacional fuerte.

Humildad

Nuestra idea de liderazgo puede que esté basada en la creencia de que debemos ser fuertes y confiadas. Cualquier fractura en esa fachada nos pone en riesgo de ser consideradas endebles e indignas del respeto de nuestros empleados. La sociedad retrata a las líderes fuertes como extrovertidas cabezas de estado como Margaret Thatcher, ingenieras sociales como Oprah Winfrey, o valientes ejecutivas como Carly Fiorina, anterior directora general de Hewlett-Packard. Todas estas mujeres representan fuertes cualidades de liderazgo; pero estos no son los únicos ejemplos que podríamos emular.

Jesucristo, el Hijo de Dios, el Creador de todas las cosas, inclusive el concepto de liderazgo, demostró lo que significa ser un líder que dirige desde un corazón de humildad en lugar de hacerlo desde una actitud de grandeza.

> Tengan la misma actitud que tuvo Cristo Jesús. Aunque era Dios, no consideró que el ser igual a Dios fuera algo a lo cual aferrarse. En cambio, renunció a sus privilegios divinos; adoptó la humilde posición de un esclavo y nació como un ser humano. Cuando apareció en forma de hombre, se humilló a sí mismo en obediencia a Dios y murió en una cruz como morían los criminales (Filipenses 2:5-8).

Es bastante fácil decir que tenemos que ser humildes como Cristo, pero ¿cómo fomentamos una actitud de humildad en la realidad de nuestro lugar de trabajo?

En el libro de Jim Collins, *Good to Great* [De bueno a estupendo], él se propuso descubrir los factores que hacían que empresas pasasen de ser sencillamente buenas a ser realmente estupendas. Uno de los descubrimientos más conmovedores fue su descripción de lo que él denomina un "líder nivel cinco". Aquí describe a un líder como alguien que "construye grandeza duradera por medio de una paradójica mezcla de humildad personal y voluntad profesional".[2]

Pasa a decir que "los líderes de buenos a estupendos no hablan de sí mismos", y quienes trabajaban con ellos utilizaban palabras como "tranquilo, humilde, sencillo, reservado, tímido, misericordioso, afable, modesto, reservado, no creía en sus propios recortes".[3] ¿Acaso no son adjetivos similares utilizados para describir a Jesús?

Cuando permitimos la supremacía de Dios en nuestro corazón y nuestra vida, su carácter humilde sustituirá nuestra necesidad de protegernos, promocionarnos o demostrar lo que valemos. La humildad centrada en Dios producirá un líder mucho más fuerte que simplemente la franqueza, la ingeniería social o las decisiones valientes.

La mujer en su lugar de trabajo

Toni había recibido el liderazgo de un proyecto multimillonario para crear y producir un musical tipo Broadway en su ciudad. Sus fuertes habilidades en la gerencia de proyectos, al igual que su amor por las artes, fueron los factores decisivos para que ella fuese escogida para dirigir este proyecto. Se propuso identificar las funciones de especialista que eran necesarias para aportar al equipo. Cuando se acercó a cada persona, les comunicó una visión, no solo de la magnitud de la producción sino también del importante papel que cada uno aportaría. No fue necesario mucho tiempo para que Toni reclutase a un equipo que pudiera crear de modo eficaz esta producción.

Cuando se abrió el telón de la noche del estreno, Toni estaba al lado del presidente de la junta de artes mientras él respondía preguntas de los medios acerca del éxito de esa producción. "¿Cómo se siente con respecto a la producción de esta noche, señor?". El presidente se acercó al micrófono y dijo: "Estoy emocionado porque hemos sido capaces de traer una producción de esta calidad a nuestra ciudad. Yo sabía que teníamos talento en esta ciudad, y me alegra mucho haberlo encontrado. Esto es solo el comienzo de un resurgimiento del arte. Escuchará usted más acerca de mí".

El reportero se dirigió luego a Toni y preguntó: "Como productora de este espectáculo, ¿a qué atribuye su éxito?". Toni había sentido un poco de vergüenza ajena por los comentarios de autofelicitación del presidente, así que cuando se acercó para hablar, le pidió a Dios que le diese palabras de humildad.

Dijo: "Esta producción no es en modo alguno una obra solamente mía, sino también de cada miembro del elenco hasta Ana, nuestra coreógrafa; Carlos, nuestro encargado de utilería; Mariana, en el vestuario; y un equipo inmenso técnico y de apoyo. Tuvimos 127 voluntarios de la comunidad que llegaron para ser acomodadores, distribuir programas y servir café en el descanso, y muchos estarán aquí limpiando hasta muy avanzada la noche. Y podría continuar. El éxito de este proyecto descansa sobre los hombros de cada persona que aportó de alguna manera grande o pequeña. Los elogios son para todos ellos".

En lugar de apoderarse del foco de atención y aceptar de modo entusiasta los elogios que llegaban hacia ella legítimamente, Toni atribuyó el éxito a los demás. La humildad destruye la independencia. El orgullo, la antítesis de la humildad, hace que creamos que somos autosuficientes y que necesitamos a los demás solamente hasta el grado en que sirvan a nuestros logros. La humildad reconoce nuestra necesidad de Dios y de los demás.

Jim Collins diría que este es un ejemplo de liderazgo nivel cinco: "Los líderes nivel cinco miran por la ventana para adjudicar crédito a factores fuera de ellos mismos cuando las cosas van bien (y si no pueden encontrar a una persona o acontecimiento concretos para dar crédito, dan crédito a la buena suerte)".[4] Con demasiada frecuencia emulamos al presidente en esta historia, quien escogió "acicalarse delante del espejo y darse crédito a sí mismo cuando las cosas fueron bien".[5]

La humildad es un camino muy estrecho para los líderes. Seguir el camino estrecho de la humildad que Cristo modeló puede que no sea la manera más fácil de construir puentes relacionales con las personas que recurren a uno en busca de liderazgo, pero la confianza que produce soportará muchos más torrentes que un puente construido sobre la teatralidad, el egocentrismo y materiales de poca calidad.

Asumir responsabilidad personal

A pesar de lo importante que es desviar los elogios de nosotras mismas, es igualmente importante asumir la responsabilidad de nuestros actos y no buscar a alguna otra persona a quien culpar cuando las cosas son menos que estupendas. Esto requiere conocer tus fortalezas y tus debilidades. Como escribió el apóstol Pablo: "Ninguno se crea mejor de lo que realmente es. Sean realistas al evaluarse a ustedes mismos, háganlo

La mujer en su lugar de trabajo

según la medida de fe que Dios les haya dado" (Romanos 12:3). Como líderes humildes, debemos estar comprometidas a desarrollar y ampliar nuestra habilidad base y nuestras capacidades de liderazgo. Nuestras limitaciones humanas evitarán que seamos buenas en todo.

La designación estereotípica varón-hembra es que los hombres son lógicos y utilizan mucho las capacidades en el lado izquierdo de su cerebro, mientras que las mujeres destacan en áreas que requieren un dominio del lado derecho del cerebro. Aunque Dios creó a cada mujer única, nuestra feminidad puede que nos haga ser más competentes naturalmente en las funciones de la parte derecha de nuestro cerebro. El hecho de que estemos en posición de liderazgo dará evidencia, sin embargo, de que también hemos desarrollado fuerza en la función de la parte izquierda del cerebro. Para ser líderes estupendas, debemos llegar a ser estudiantes toda la vida, tanto de nosotras mismas como de quienes nos rodean. Desarrollar nuestras capacidades para utilizar ambos lados de nuestro cerebro nos ayudará a desarrollar capacidades de liderazgo más fuertes y a construir relaciones sanas con aquellos a quienes lideramos.

El autor Stephen Covey hace la siguiente afirmación acerca de la necesidad de liderar desde una perspectiva que utilice las fortalezas de ambos lados de nuestro cerebro:

> Las personas que son excelentes gerentes pero malos líderes puede que sean muy bien organizadas e impongan estrictas leyes con sistemas y procedimientos superiores y detalladas descripciones de trabajo. Pero a menos que estén internamente motivadas, se consigue poco porque no hay sentimiento, no hay corazón; todo es demasiado mecánico, demasiado formal, demasiado estricto, demasiado productivo... Un líder estratégico puede proporcionar dirección y visión, motivar por medio del amor, y construir un equipo complementario basado en el respeto mutuo si él o ella está más enfocado hacia la eficacia

que hacia la eficiencia, si está más interesado en la dirección y el resultado que en los métodos, los sistemas y los procedimientos.[6]

Como mujeres que somos líderes, tenemos la oportunidad de influir profundamente en las personas que recurren a nosotras en busca de administración y liderazgo. Para utilizar otra vez las palabras de Stephen Covey, la mejor jefa será alguien que "administra desde la izquierda y lidera desde la derecha".[7]

Resolución inquebrantable

Jesús sabía por qué había venido a la tierra: Él estaba aquí para hacer la voluntad de su Padre. Su enfocada determinación significaba que era capaz de dar a sus seguidores lo que ellos necesitaban a fin de comprometerse con el propósito de Él. Él era un líder fuerte que comunicaba sus papeles a sus seguidores; era capaz de dar una visión mayor de quiénes podían ser ellos; era capaz de recompensarles según sus necesidades, y se interesaba por ellos como individuos. El ejemplo de Cristo del modo en que el líder perfecto se relacionaba con sus seguidores se convertirá en nuestro libro de texto para aprender a construir puentes fuertes con nuestros empleados.

Como líderes en el lugar de trabajo, reconocemos que nuestra responsabilidad es primeramente ante los dueños. Se nos ha dado la tarea de hacer todo lo que podamos para administrar los recursos de la organización hacia sus metas. Nuestro propósito es ver qué hay que hacer y entonces tener la resolución inquebrantable de hacer todo lo que podamos para que eso suceda. Una manera de hacerlo es asegurarnos de comunicar la visión y nuestras expectativas a nuestros empleados. Al establecer y comunicar cosas que hay que hacer, nuestros empleados sabrán qué se espera de ellos. Esta claridad desarrollará confianza en el liderazgo y creará una comunicación recíproca sana con respecto a las metas.

Cristina recuerda tener que rendir cuentas ante un jefe que

La mujer en su lugar de trabajo

no comunicaba claramente sus expectativas. Sus subordinados estaban confusos en cuanto al objetivo que debían alcanzar, y parecía como si estuvieran tirando dardos en la oscuridad, esperando acercarse al objetivo. Cristina salía con frecuencia de las reuniones pensando: *¿Soy yo la única tonta aquí? Siento que no sé lo que estamos haciendo.*

Ahora que Cristina tiene un papel de liderazgo, intenta con fuerza ser muy clara con su plantilla. Cuando el declive económico hizo trizas el balance de la empresa, Cristina dio a sus empleados el aviso de que si las cifras de ventas no mejoraban, la empresa se enfrentaría a una reducción de la plantilla del quince por ciento. Al ser clara con ellos, Cristina fue capaz de generar confianza y proporcionarles cierto sentido de control para hacer lo que pudieran a fin de dar un giro a las cosas. Si ella no hubiera sido sincera con ellos, los rumores habrían agotado gran cantidad de tiempo y habrían dejado a la plantilla preguntándose si habría algo que tuviera efecto en un barco que se hundía. Si los despidos hubieran llegado por sorpresa, los miembros de la plantilla fundamentales que se hubieran quedado habrían tenido un menor nivel de confianza en el liderazgo que les había mantenido en la oscuridad.

Cristina pronto descubrió que si sus empleados sabían que ella era sincera, justa, y que haría todo lo que pudiera por ellos, su lealtad sería correspondida. El rey Salomón escribió las siguientes palabras para describir a un rey digno de ser seguido: "Rescatará a los pobres cuando a él clamen; ayudará a los oprimidos, que no tienen quién los defienda. Él siente compasión por los débiles y los necesitados, y los rescatará. Los redimirá de la opresión y la violencia, porque sus vidas le son preciosas. ¡Viva el rey!" (Salmos 72:12-15). Estas sabias palabras sobre el liderazgo se aplican igualmente a las líderes. Tener voluntad profesional y fortaleza personal para hacer todo lo necesario para dirigir bien nos convierte en buenas administradoras de los recursos de la organización, inclusive a sus personas. Ese es material para un puente relacional fuerte desde el líder hasta la plantilla en el lugar de trabajo.

Dar una visión mayor

¿No es cierto que cada una de nosotras podría ser mejor de lo que es? Desarrollar una visión de lo que pueden ser las personas, no solo de lo que son hoy día, debería impulsarnos a hacer todo lo posible por ayudarles a alcanzar su potencial. La consultora administrativa Lisa Haneberg compara el papel de los gerentes en ayudar a que las personas regresen al curso correcto y conseguir que estén donde tienen que estar, con un GPS (Sistema de posicionamiento global): "Me gusta el modo en que el GPS utiliza el mismo tono agradable sin importar cuántas veces nos desviemos del curso. A los gerentes les vendría muy bien aprender de ello. Trazar de nuevo la ruta es una tarea de gerencia normal y diaria, y no debería ser una fuente de irritación o de frustración. Por eso estamos aquí, y por eso somos necesarios".[8]

Ayudar a dirigir y a redirigir a nuestros empleados hacia la consecución de mayores horizontes es un privilegio.

Cristo declaró una visión sobre Pedro antes de partir para el cielo. El modo en que Pedro negó desastrosamente a Cristo no evitó que Jesús le imaginase como la roca sobre la cual sería edificada la Iglesia (Mateo 16:18). Como escribe Larry Crabb: "Aceptamos a las personas tal como son, lamentamos cada fracaso en el desarrollo de su verdadera identidad, y a pesar de lo que suceda, seguimos creyendo en lo que podrían llegar a ser sin exigir que suceda según nuestro calendario o por nuestro interés, o sin que nosotros desempeñemos un gran papel para que suceda. Todos son una obra en progreso".[9]

Tener una visión para las personas proviene de la creencia fundamental en que Dios ha comenzado algo bueno en cada una de nosotras y que Él continuará obrando en nosotras hasta que sea completado (Filipenses 1:6). Repito: cada persona es una obra en progreso, y como líderes tenemos la oportunidad de ponernos a su lado y alimentar esa visión.

Elisabet había sido la receptora de este tipo de fomentación de una visión. Había entrado a la empresa en un puesto bajo aunque tenía una licenciatura en comercio. Tenía varios años de experiencia en otra firma, pero aterrizó en esta empresa sintiéndose bastante inadecuada para el reto que presentaba. Su jefe en ese momento le dio un proyecto que presentaba exigencias en un área en particular, pero con la ayuda del aliento y la dirección que él le brindó, ella lo completó con éxito, y esto condujo a proyectos mayores con mayores responsabilidades.

Elisabet llevaba trabajando solo un par de años en ese puesto cuando su jefe entró en su oficina, cerró la puerta y se sentó en la silla. Sus temores inmediatos quedaron rápidamente aplacados mientras él procedía a detectar una visión de sus capacidades extendiéndose por encima de su tarea.

Ella esperaba oír a continuación la palabra "ascenso", pero lo que escuchó fue "regresar a los estudios". Su jefe veía que sus capacidades superaban lo que se demandaba de ella en su puesto actual, y le estaba alentando a regresar a la universidad para ampliar su formación. Junto con esa sugerencia también le propuso maneras muy prácticas en que la empresa le apoyaría.

Nadie había sugerido nunca que Elisabet fuese material para obtener una maestría en administración de empresas, pero cuando ella lo pensó, se dio cuenta de la sinergia que había entre las habilidades que Dios le había dado y el deseo de su corazón. Oró al respecto y recibió paz en su espíritu que confirmó que aquello no era solo idea de su jefe o un deseo del corazón, sino que era la dirección hacia donde Dios la estaba guiando. Ella siguió la sugerencia de su jefe y regresó a la universidad.

Después de su graduación, parecía demasiado bueno para ser cierto que la empresa tuviera un puesto esperándole. Pero fue aún mejor cuando el director general llegó para elogiar sus logros y sugirió maneras en que ella podría continuar perfeccionando sus habilidades. La alentadora afirmación que él le dio, junto con los recursos que puso a su disposición, le proporcionó la valentía y la destreza para llegar a ser todo aquello para lo cual Dios le había creado. A lo largo de su carrera fue considerada una experta en su empresa y en la industria.

Al reflexionar con gratitud en la influencia que su jefe tuvo sobre ella, Elisabet dice: "Siempre estaré agradecida porque él creyó en mí y me exigió a veces por encima de mi límite. Pero debido a que él tenía confianza en mí, yo hice todo lo que pude para no defraudarle".

Al haber experimentado personalmente el efecto de la visión de un líder, Elisabet ahora está comprometida a estar atenta y discernir el potencial en otras personas. Utiliza su papel como líder para proyectar esa visión y ayudarles a llegar a ser más de lo que ellos pueden creer actualmente que es posible.

Recompensas tangibles e intangibles

En el boom económico que comenzó en los últimos años del siglo XX, un salario más elevado no era siempre la mayor prioridad de los nuevos contratados, particularmente de aquellos que acababan de incorporarse a la fuerza laboral. En lugar de más dinero, los nuevos empleados querían mayor flexibilidad en el trabajo, incentivos que incluyesen mejoras en el estilo de vida y más vacaciones. Ellos consideraban el salario simplemente un medio de sostener su estilo de vida. Dada esta realidad y las restricciones presupuestarias, el empleador eficaz reconocía que tenía que ser creativo para encontrar maneras tangibles e intangibles de recompensar a sus empleados.

Emplear la Regla de Oro se convierte en una opción importante para un jefe que desee reconocer el duro trabajo de un empleado. Podemos hacer incorrectamente la suposición de que lo que nosotros consideramos importante será también considerado importante por parte de los demás. De igual modo, si hacemos la suposición de que nuestros empleados saben que pensamos que ellos están haciendo un trabajo elogiable pero nunca les reconocemos o les elogiamos verbalmente por

La mujer en su lugar de trabajo

un trabajo bien hecho, habremos perdido una oportunidad de construir y fortalecer el puente relacional.

Un empleado *sanguíneo* necesita sentirse afirmado, así que los elogios de diversas maneras serán siempre bien recibidos. Destacar la ingenuidad del empleado sanguíneo en una reunión de equipo y después permitirle hablar con el grupo de las cosas humorísticas que sucedieron durante el período de un proyecto comunica que él o ella es un miembro del equipo valioso y muy considerado.

Un empleado *melancólico* necesita sentirse comprendido. Preguntar si hay algo que él o ella necesite para hacer mejorar el trabajo comunicará que te interesas por la cualidad del trabajo que se produce, que eres muy consciente de la diligencia de ese empleado, y que deseas recompensarle al facilitarle ese trabajo terminado "perfectamente".

Un empleado *colérico* se sentirá recompensado cuando haya logrado la tarea y se haya expresado agradecimiento por su duro trabajo.

Alentar el carácter de la persona y el efecto positivo que tiene en sus logros vigoriza a un trabajador *flemático*.

A todo el mundo le gusta una respuesta apropiada; ¡es hermoso decir lo correcto en el momento oportuno! (Proverbios 15:23).

Tener ojo para los logros de los individuos concretos y expresar gratitud puede reparar y cimentar incluso las relaciones más frágiles.

Nuestra tendencia es a retener las recompensas intangibles hasta que la tarea haya sido terminada. Tenemos temor a que si hacemos elogios demasiado pronto, el empleado se sentirá libre para relajarse y comenzará a perder energía. Pero lo cierto es que la afirmación, la comprensión, el agradecimiento y el aliento dados en momentos críticos durante el proyecto puede que sean la recompensa más importante que puedas dar, porque las recompensas intangibles son las que impulsan a las personas a seguir adelante.

Otra manera en que nuestras palabras pueden ser un regalo, aunque sea con más cuidado de lo normal, es la disposición a embarcarnos en conversaciones difíciles. Ignorar una situación para evitar el conflicto no hace un favor a nadie. Susana narra que cuando ella reconoció que era necesario entablar una conversación difícil, a pesar de la incomodidad, no se atrevió a ignorarla y esperar que la situación se arreglase por sí sola. En cambio, empleó el tiempo necesario para pensar en la mejor manera de abordar el problema, orando por la sabiduría y la dirección de Dios. "Las palabras del sabio traen alivio" (Proverbios 12:18).

Con la voz de la experiencia de alguien que por naturaleza se acobardaría ante un potencial conflicto, Susana pudo decir: "Mis empleados siempre aprecian a un líder que en primer lugar aborde las situaciones difíciles y en segundo lugar lo haga de manera digna".

Las palabras cuidadosamente escogidas que reflejan la realidad son la mayor recompensa que puedes dar a tus empleados. No te costarán nada, pero los beneficios de respeto, enfoque mejorado y mayor motivación son recompensas buenas para todos.

Interés por el individuo completo

Interesarse por otros es importante en varios niveles. En el más básico, las personas que lo reciben devuelven ese interés a otros. Las personas a quienes se les muestra interés trabajan más eficazmente con las personas y para las personas que demuestran ese interés. Se sienten mejor y es más positivo estar alrededor de ellas y trabajar con ellas que con personas que son ignoradas. Interesarse por otros no tiene que ser una actividad suave o de consejería; sencillamente significa intentar mostrar un interés razonable por los empleados directos de todas las maneras posibles para ayudar a esas personas a rendir y crecer.[10]

La mujer en su lugar de trabajo

Karina estaba sentada en su oficina revisando el borrador final del informe anual que tenía que entregar a su jefe al día siguiente. Oyó que alguien pasaba por el pasillo pero controló el deseo de mirar. Unos párrafos después reconoció el sonido de los tacones que acababan de pasar y que se acercaban a su puerta y se detenían. De nuevo, refrenó el impulso de mirar con la esperanza de que la persona siguiese adelante si veía lo ocupada que estaba Karina en su trabajo. El suave golpe a la puerta requería una respuesta.

Karina levantó la vista para ver a Sindi en la puerta. "Sé que estás ocupada, pero ¿puedo hablar contigo un momento?", preguntó Sindi tímidamente.

Poniendo a un lado el informe para no verse tentada a hacer varias cosas a la vez, Karina invitó a Sindi a sentarse y hablarle de lo que tenía en su mente. A medida que la historia fue saliendo a la luz, el corazón de Karina se compadeció de Sindi.

Las cosas eran difíciles en casa para Sindi. Su hijo había sido arrestado por hurto, su hija estaba distante y enojada, su madre estaba desarrollando la enfermedad de Alzheimer, y la tensión con su esposo aumentaba día tras día. En medio de todo eso, ella se sentía totalmente abrumada. A pesar de una cantidad considerable de horas de sueño, la fatiga no cedía. Mientras Sindi hablaba, se formaban lágrimas en sus ojos y caían por sus mejillas. Se disculpó porque parecía que no podía mantener en orden las cosas, y admitió que se sentía como si se estuviera hundiendo tanto en el trabajo como en casa.

A medida que Karina escuchaba, una pregunta que ella sabía que venía del Espíritu Santo llenó su corazón y su mente. *¿Cómo puedo amar a Dios amando a Sindi?* A la vez que Karina había dejado a un lado el proyecto para escuchar a Sindi, también tuvo que dejar a un lado el impulso de "manejar el proyecto" con una solución rápida o sencillamente levantar el teléfono y referir su caso al departamento de recursos humanos. Karina estaba alerta al hecho de que fácilmente podría adoptar una actitud de juicio que explicaría por qué la vida de Sindi era tal

Yo soy la jefa

desastre, especialmente comparándola con la suya propia. En cambio, al mostrar empatía fue movida a conectar con Sindi. Karina tenía delante de ella una oportunidad de acercarse a otro ser humano y mostrarle que se interesaba. Su sencilla pregunta a Sindi, "¿Cómo puedo ayudarte?", le trasladó de ser una supervisora distante que solo tenía en mente los intereses de productividad de la empresa a ser una persona que se interesaba y quería ser un conducto del amor de Dios hacia aquella mujer que estaba sufriendo.

El lugar de trabajo es con frecuencia un reflejo de una sociedad independiente, donde pedir ayuda se considera una debilidad. Las personas que ocupan papeles de liderazgo tienen la oportunidad de crear un ambiente diferente. Al ofrecer ayuda personal en vez de aplicar automáticamente la política de empresa, derribamos los muros de independencia y permitimos que entre el amor de Dios. Obtenemos el privilegio de ser una parte del milagro de Dios al sanar a los de corazón quebrantado y vendar sus heridas (ver Salmos 147:3). ¡Qué increíble oportunidad de demostrar no solo interés y preocupación por algo más que el desempeño de los empleados, sino también por quiénes son ellos como personas completas!

El liderazgo conlleva privilegio y responsabilidad. Si no entramos en este papel con humildad y una feroz determinación a hacer todo lo que podamos para engrandecer la empresa, podemos considerar nuestra posición elevada solamente como una oportunidad para la ganancia personal.

Puedes ascender demasiado alto por tu propio bien. Es posible ascender demasiado lejos, y estar en una posición demasiado alta y elevada.

Si te quedas demasiado tiempo en altitudes muy elevadas, dos de tus sentidos sufren. Tu oído se resiente. Es difícil oír a las personas cuando estás por encima de ellas. Las voces resultan distantes; las frases parecen apagadas. Y cuando estás arriba, tu vista se debilita. Es difícil enfocarse en las personas cuando estás por encima de ellas. Ellas parecen muy pequeñas; pequeñas figuras sin rostro. Apenas puedes distinguirlas. Todas parecen iguales. No las escuchas. No las ves. Tú estás por encima de ellas.[11]

Si eres una jefa, si extiendes tu perspectiva del porqué vas a trabajar, utilizarás tus habilidades para lograr tareas pero también entenderás que eres algo más que un líder. Marcarás una diferencia al interesarte por las personas, pero serás algo más que una cuidadora. Dios te ha situado donde estás por una razón. Estás en esta compañía, con estas personas, para un momento como este. Y día tras día verás evidencia de ello. Tu lugar es amar a Dios haciendo todo lo que puedas por tu empresa como para el Señor, y amar a las personas que te rodean. Al demostrar a tu plantilla que eres digna de confianza, al ayudarles a captar una visión de todo aquello que pueden llegar a ser, al darles lo que necesitan a fin de maximizar sus logros, al recompensar sus esfuerzos y ofrecer amor e interés, estarás siguiendo el ejemplo de liderazgo de Jesús, un ejemplo digno de ser seguido.

El liderazgo es un alto llamamiento, y ser la jefa no es fácil. En la búsqueda de llegar a ser un líder semejante a Cristo, obtén consuelo en las siguientes palabras de 2 Pedro 1:3: "Mediante su divino poder, Dios nos ha dado todo lo que necesitamos para llevar una vida de rectitud. Todo esto lo recibimos al llegar a conocer a aquel que nos llamó por medio de su maravillosa gloria y excelencia". Con la ayuda de Dios, puedes llegar a ser una jefa que diseña, construye y mantiene fuertes puentes relacionales.

La conexión Ester

Ester llegó al palacio del rey sin ser nadie especial. Incluso su herencia ancestral pasó inadvertida. En ese momento, debió de haber parecido surrealista para aquella joven judía encontrarse en el interior del palacio en Susa. El relato de las Escrituras nos dice que Ester estuvo a la altura del reto con dignidad e integridad. Llegó a la posición que Dios había preparado para ella como reina de Persia.

Sin embargo, Ester pronto se encontró con una tarea mucho más grande de lo que ella había afrontado anteriormente. Se le había dado la responsabilidad, en virtud de su papel privilegiado, de marcar una diferencia para otros. Ella llevaba el peso de toda su nación sobre sus hombros. Ester puso la preservación personal como secundaria, para estar a la altura y proteger a otros. Sin duda, disfrutó de los beneficios que su posición conllevaba, pero estuvo dispuesta a perder todo eso por una causa mucho mayor: la oportunidad de marcar una diferencia en las vidas de muchas otras personas. Ester se enfrentó al reto de su papel, y hoy día es recordada como una líder verdaderamente valiente.

Versículos para el estudio

Filipenses 2:5-8
Romanos 12:3-8
Mateo 16:17-19
Proverbios 12:18
Salmos 147:3
2 Pedro 1:3-9
Filipenses 1:6
Isaías 50:4

Preguntas para la reflexión

1. ¿De qué manera batallas para permanecer humilde en tu papel de supervisión?

2. ¿Hay alguien con quien trabajas de cerca a quien podrías influenciar y alentar hacia una visión más amplia? ¿Qué podrías hacer para ayudar a esa persona a alcanzar su mayor potencial?

3. Tras leer este capítulo, ¿cómo sientes que Dios te está llamando a ser una jefa que sea más semejante a Jesús?

9
Yo *no* soy la jefa

Echar un vistazo por la librería local le proporcionó un tesoro a Micaela. Su espíritu se sintió animado por el hecho de que finalmente había encontrado un libro que se aplicaba a su situación y del cual podría obtener cierto entendimiento en cuanto a cómo relacionarse con su supervisor inmediato. Con su última adquisición segura en una bolsa de papel bajo su brazo, apenas podía esperar para llegar al Metro y comenzar a leer. Totalmente ajena a quienes le rodeaban y que entraban y salían en cada parada, Micaela devoró el material de su nuevo libro. No se dio cuenta de la persona que estaba sentada a su lado hasta que una voz familiar le saludó.

"Hola. ¡Qué casualidad encontrarnos en este tren!". Era su jefe.

Cuando Micaela levantó la mirada con una sonrisa nerviosa, su mente en seguida pensó en cómo ocultar inadvertidamente su material de lectura. Antes de que pudiera volver a meter el libro en la bolsa de papel marrón, el jefe de Micaela hizo la pregunta fatal: "¿Qué está leyendo?".

Micaela se sintió como el niño al que sorprenden con su mano en la caja de las galletas. Cuando dio la vuelta al libro, su título gritó: *When Smart People Work for Dumb Bosses* [Cuando personas inteligentes trabajan para jefes tontos].

La mujer en su lugar de trabajo

Este escenario de pesadilla nos da un escalofrío por la espalda cuando recordamos a ciertos jefes para los que hemos trabajado a lo largo de los años. Algunos eran competentes; otros eran flojos. Algunos eran alentadores; otros eran hirientes. Algunos demostraron ser jefes de ensueño; otros establecían fuerte competición.

Si hemos tenido el privilegio de trabajar para alguien que mostró integridad y a quien podíamos respetar y en quien confiar, sabemos que es fácil construir puentes relacionales hacia líderes fuertes, porque ellos aportan a los puentes relacionales que unen el abismo existente entre nosotros. Ellos buscan nuestros mejores intereses y ofrecen abundante ánimo y apoyo. Estas relaciones son ricas y desempeñan un importante papel en el desarrollo de nuestras habilidades y satisfacción en el trabajo. La oportunidad de trabajar bajo su tutelaje produce muchas recompensas. Que un jefe así sea un mentor es un privilegio. A fin de obtener todo lo posible de él o ella, debemos tener un corazón que esté abierto a aprender, una mente atenta y un espíritu que sea receptivo a la corrección. Un gran potencial espera a unas relaciones tan positivas y sanas.

Sin embargo, escenarios tan positivos no son siempre realidad. ¿Y si nuestro jefe es difícil, desinteresado y demandante? ¿Y si él o ella es un líder que no merece ser seguido? ¿Y si nuestro jefe tiene poco interés en establecer puentes relacionales sanos? Como subordinadas, ¿qué somos llamadas a hacer? ¿Cómo podemos ser empleadas que siguen los principios de Dios?

Cada una de nosotras que tenga a una persona por encima en el esquema de la organización necesita realizar un chequeo regular para evaluar el estado de su corazón. Las Escrituras nos dicen: "Sobre todas las cosas cuida tu corazón, porque éste determina el rumbo de tu vida" (Proverbios 4:23). Cuando nuestra actitud resbala, necesitamos estar vigilantes para detectar esos pequeños fuegos de descontento y falta de respeto que pueden causar erosión en nuestro corazón y dar como resultado que nuestra relación con nuestro jefe sea menos de lo que podría ser. Echemos un vistazo a lo que debe suceder en el corazón de un empleado para que pueda construirse un fuerte puente relacional con el jefe.

Una directiva bíblica

Imagina que lo siguiente es un código de ética que han puesto en la puerta de tu lugar de trabajo, y antes de entrar debes registrarte poniendo tu mano derecha sobre la Santa Biblia y prometiendo cumplir con esas expectativas hasta donde tu capacidad te permita. ¿Podrías comprometerte a lo siguiente?

- Hacer lo que tu jefe te diga que hagas.
- Hacer todo lo que puedas, no solamente el mínimo para salir del paso.
- Ser una trabajadora alegre. Una trabajadora huraña producirá un trabajo de mala calidad.
- Asumir la responsabilidad de tus acciones y actitudes.
- Trabajar con todo tu empeño.
- Recordar: tú no eres la jefa aquí.
- Tener en mente quién es tu verdadero Jefe.

Este código de ética viene directamente de la Biblia:

> Esclavos, obedezcan en todo a sus amos terrenales. Traten de agradarlos todo el tiempo, no solo cuando ellos los observan. Sírvanlos con sinceridad debido al temor reverente que ustedes tienen al Señor. Trabajen de buena gana en todo lo que hagan, como si fuera para el Señor y no para la gente. Recuerden que el Señor los recompensará con una herencia y que el Amo a quien sirven es Cristo; pero si hacen lo que está mal, recibirán el pago por el mal que hayan hecho, porque Dios no tiene favoritos (Colosenses 3:22-25).

La mujer en su lugar de trabajo

Bueno para nosotras

Tener un supervisor a quien tenemos que rendir cuentas, en realidad puede ser bueno para nosotras. Aprender a someternos a la autoridad es algo que comenzamos a desarrollar cuando somos niños y que debemos continuar a lo largo de la vida. La sumisión a la autoridad puede ser mucho más difícil para algunas personas que para otras. Aquellas de nosotras que somos independientes, visionarias y tenemos una personalidad dominante, colérica, tendremos por naturaleza más dificultad al trabajar bajo la dirección de otra persona. Esto se vuelve incluso más difícil cuando el orgullo, la arrogancia y un espíritu obstinado entran en escena. Hablo de esto por experiencia.

Una vez, una amiga comentó que no querría ser mi supervisora. A mí me sorprendió que dijera eso, pero cuando pensé al respecto, entendí que lo que en realidad estaba comentando era que veía una característica de obstinación en mí que se resistía a someterse a la autoridad. Me di cuenta de que su frase fue un verdadero reflejo de la resistencia de mi corazón a la guía de Dios. ¿Puedes identificarte? Cada una de nosotras debe aprender a ser una mejor empleada, o como lo expresan las Escrituras, un "siervo" que trabaje al servicio de otro.

Obediencia

Cuando éramos niñas se esperaba que obedeciéramos a nuestros maestros y nuestros padres. Ahora que somos adultas, sin duda hemos establecido nuestro propio rumbo en lugar de tener que hacer lo que nos digan. ¿Correcto? Imagina lo que sucedería al estar detrás del volante de un vehículo si adoptamos la postura de no tener que obedecer las leyes de la carretera. Cada conductor podría hacer lo que quisiera; la autopreservación y la autosatisfacción tendrían preferencia sobre el bien mayor.

¿Es distinto en el lugar de trabajo? Dios ha ordenado autoridades gobernantes y nos ha enseñado que nos sometamos a la autoridad. "Toda persona debe someterse a las autoridades de gobierno, pues toda autoridad proviene de Dios, y los que ocupan puestos de autoridad están allí colocados por Dios" (Romanos 13:1).

El jefe ha sido colocado en una posición de autoridad, y los empleados han sido colocados en un lugar para servirle. Debemos tener un corazón de siervo para poder llevar a cabo deliberadamente las instrucciones del jefe. La resistencia a la dirección del jefe puede muy bien indicar un corazón que carece de humildad. Se nos advierte que tengamos en más alta estima a los demás que a nosotras mismas y que pongamos los intereses de los demás por delante de los nuestros. Cristo fue ejemplo de esto cuando fue obediente hasta la muerte, y muerte de cruz (Filipenses 2:3-8).

La obediencia en una situación con la que estás de acuerdo y que está en línea con tus convicciones es mucho más fácil que encontrarte batallando con el pensamiento: *Esta es la idea más estúpida que mi jefe ha tenido nunca. ¿Por qué estoy desperdiciando mi tiempo?*

Siempre habrá diferentes puntos de vista y diferentes maneras de abordar los proyectos. Seguir el llamado de Dios a ser siervo significa que te tragas tu orgullo y realizas la tarea como se indicó. Puede que estés en posición de aportar tu perspectiva para fortalecer el resultado, pero si no es así, sencillamente sigues órdenes, suponiendo que son legales, morales y éticas.

Un obstáculo a la obediencia es la carencia de definición de papeles y de responsabilidades. ¿Qué espera tu jefe que hagas? ¿Qué estás autorizada a hacer? ¿Qué está fuera de los límites?[1]

Si tus respuestas a esas preguntas son vagas, puede que te resulte muy dificultoso obedecer las directivas de tu jefe. Una clara delineación de papeles hará posible llegar a resultados deseados, evitando el caos. Pero no supongas que delinear papeles y responsabilidades claros son únicamente tarea del supervisor. Plantea el asunto tú misma si las cosas no parecen claras.

Es totalmente posible que en algún momento en tu carrera

seas colocada en una situación en la cual te pidan que hagas concesiones en tus valores. Puede que te hagan peticiones o incluso exigencias que sean inmorales o ilegales. Si te encuentras en esa difícil situación, puedes estar segura de que esas cosas están fuera de tu responsabilidad de ser obediente. Nuestros valores basados en las Escrituras, las políticas y procedimientos de nuestra empresa y las leyes y regulaciones del país estarán por encima de un líder en el lugar de trabajo que nos esté pidiendo que hagamos algo que no cumpla con esas normas.

Primero, deberías buscar seguridad por parte de tu jefe para entender bien lo que te están pidiendo que hagas. Si eso sigue siendo un problema, deberás llevarlo a un nivel más alto en la organización o sencillamente presentar la dimisión. Un versículo clave por el cual vivir es el siguiente: "Sobre todo, deben vivir como ciudadanos del cielo, comportándose de un modo digno de la Buena Noticia acerca de Cristo" (Filipenses 1:27).

Tami lideraba un equipo que trabajaba duro en un proyecto de amplio alcance para la empresa. Para recompensar a su equipo, su jefe les invitó a una comida de celebración. Cuando llegó la factura, el jefe de Tami se la pasó a ella y le dijo: "Ocúpese de esto. Mi cuenta de gastos ya está bastante llena, pero me aseguraré de que sea aprobada". Tami sabía que lo que le pedía iba en contra de la política de la empresa. La persona con mayor autoridad de firma siempre debía ocuparse de la factura. El jefe de Tami la puso en una situación incómoda al pedirle que hiciera algo que le haría quedar bien a él pero que podría terminar siendo un punto negro en el historial de ella.

Situaciones como esta son comunes. Encubrir al jefe cuando un acto es ilegal o inmoral no es nunca aceptable, y aunque la opción puede que sea clara, nunca es fácil. Al otro lado del espectro debemos dejar a un lado nuestros propios planes para poder seguir el plan de Dios y obedecer deliberadamente al jefe.

Puede que te preguntes cómo llegó tu jefe a estar en la posición en que está, y puede que sientas que tú podrías realizar un mejor trabajo si estuvieras en ese puesto. La ineptitud es una realidad. Simplemente porque alguien tenga un puesto no significa que esa persona haya adquirido las habilidades necesarias para estar en ese puesto. Dos cosas a recordar son que en algún punto puede que te encuentres en una situación parecida, y estarás buscando gracia. Hacer todo lo que puedas para ayudar al jefe a tener éxito significará ponerte en la brecha de sus ineptitudes.

En segundo lugar, si confiamos en que Dios es el juez definitivo, estaremos menos preocupadas por hacer que las cosas sean justas. Jesús abordó el que se aprovechasen de Él de la siguiente manera: "No respondía cuando lo insultaban ni amenazaba con vengarse cuando sufría. Dejaba su causa en manos de Dios, quien siempre juzga con justicia" (1 Pedro 2:23). Él sufrió en silencio, contento con permitir que Dios enderezase las cosas.

Pon todo tu empeño

"Esto es lo que te ha tocado de todos tus afanes en este mundo. Y todo lo que te venga a la mano, hazlo con todo empeño" (Eclesiastés 9:9-10, NVI). Cuando hemos decidido que obedeceremos las instrucciones recibidas, entonces tenemos una decisión que tomar, la cual afectará lo bien que realicemos el trabajo. Podemos obedecer a regañadientes y decir que obedeceremos haciendo sencillamente lo mínimo imprescindible, o podemos ponerle todo nuestro empeño y superar las expectativas del jefe para esa tarea. Eso es lo que se nos alienta a hacer en estos dos pasajes del Nuevo Testamento que hablan sobre las relaciones entre jefe y siervo:

> Traten de agradarlos todo el tiempo, no solo cuando ellos los observan. Como esclavos de Cristo, hagan la voluntad de Dios con todo el corazón (Efesios 6:6).

> Trabajen de buena gana en todo lo que hagan, como si fuera para el Señor y no para la gente (Colosenses 3:23).

La mujer en su lugar de trabajo

Obedecer a un supervisor a la vez que se alberga una agresión pasiva u hostilidad manifiesta no es cumplir con los criterios de Dios. Escoger esforzarse al máximo sencillamente por razones egoístas, como para ser destacado o recibir elogios, no es una actitud que agrade a Dios. Lo que sucede en el corazón es siempre más importante que las acciones.

Respeto y honor

Puedes escoger obedecer a tu jefe mediante tus acciones externas, e incluso puedes decidir trabajar sinceramente para él o ella, pero respetar y honrar a tu jefe lleva todo esto más lejos, a un asunto del corazón. Es fácil hacerlo si tienes un jefe que te trata con respeto, muestra consideración y se interesa verdaderamente por ti. Pero ¿cómo tratas a un jefe que es exigente, irrazonable y despreocupado? ¿Cómo construyes puentes relacionales con alguien que no parece merecer tu respeto?

"Haz a los demás todo lo que quieras que te hagan a ti" (Mateo 7:12). Siento no haber podido encontrar una manera de suavizar este versículo. Sé que el sentimiento habría sido mejor al acariciar tu magullado ego diciendo que puedes ajustar cuentas con tu jefe o que de manera solapada puedes fastidiarle. Pero Cristo no nos dio esa opción. Él no nos dio manga ancha en este tema. Debemos tratar al jefe, independientemente de lo bueno o lo malo, lo digno o lo indigno que sea, con respeto y honor. Si nuestros corazones son rectos en este punto, nuestras acciones seguirán. Hablaremos al jefe con cortés consideración. Evitaremos ser empujadas hacia el cotorreo que se queja y traiciona.

El gran cambio

Como asistente ejecutiva, Marta estaba contenta de escalar por el escalafón junto con su jefe cuando a él le dieron un gran ascenso. Como resultado, su ámbito de trabajo también cambió. Tenía que trabajar más tiempo extra a fin de proporcionarle los materiales para realizar su trabajo. En su nuevo puesto, ella entendió incluso más que su tarea era hacerle verse bien a él. Marta sabía que estaba en un papel de apoyo. No era ella quien debía estar en el foco principal, y estaba agradecida; pero a veces tenía que tratar el sentimiento de que su trabajo se daba por sentado. En su escritorio había una pequeña placa que le recordaba las palabras de Jesús: "Dios bendice a los que son humildes, porque heredarán toda la tierra" (Mateo 5:5).

Tu trabajo puede que no sea el de asistente, pero todas somos llamadas a ayudar. Ninguna de nosotras es demasiado grande para ayudar a otro. Tener una actitud de humildad nos permitirá tener un corazón de servicio y un deseo de hacer todo lo que podamos para satisfacer las necesidades del jefe. Hacer nuestra parte para que él o ella brillen finalmente se reflejará de modo positivo sobre nosotras.

Jesús lo describió como el gran cambio: "Pero muchos de los primeros serán últimos, y los últimos, primeros" (Marcos 10:31, NVI). Puede que necesites renunciar a algo para hacer que esto suceda, pero Dios ha prometido que serás recompensada por ello. De hecho, se te ha prometido heredar la tierra. ¡Esa es una retribución bastante grande!

Mostrar gracia, orar y bendecir

¿Mostrar gracia? Podría hacerlo si ellos lo hicieran. Sonia recuerda haber recibido una severa reprimenda por haber entregado un conjunto de actas de reuniones que su jefe consideró deficientes. También hubo una ocasión en que ella llegó tarde al trabajo porque se durmió tras sonar el despertador. Parecía que su jefe tenía la opinión de que los errores se equiparaban a incompetencia. Las meteduras de pata no eran excusadas. Sonia batallaba con los comentarios negativos y con intentar darles la vuelta mostrando gracia a cambio. Era muy difícil.

¿Orar? ¿Puedo orar para que sea atropellada por un autobús? Bueno, quizá eso sea un poco extremo. Cristo nos dice que oremos por quienes desean causarnos daño. El corazón del asunto es: ¿oraremos para que ellos tengan éxito en el trabajo y

para que nuestros corazones sean más suaves hacia ellos? Estas son duras palabras para orar, pero si podemos orar por otros, será mucho menos probable que los calumniemos o murmuremos de ellos.

¿Bendecirles? Eso es ir demasiado lejos. Cuando mostramos gracia y oramos para que ellos reciban el amor de Dios, estamos pidiendo una bendición sobre ellos. A lo largo de la historia, gobernantes, reyes y jefes han experimentado el favor de Dios debido a la relación que su sirviente o su empleado tenía con el Dios Todopoderoso (Génesis 30:27). ¿Podría ser esta la razón de que nosotras estemos en este puesto? ¿Desea Dios derramar bendición por medio de nosotras en la vida y en el trabajo del jefe?

Si creemos que eso podría ser cierto, entonces debemos asegurarnos de permitir que las bendiciones de Dios fluyan por medio de nosotras. Esa es una idea que da qué pensar. Quizá tú *has* llegado a ese puesto para un momento como este. En realidad, Dios sabía que estarías haciendo este trabajo en este día, y ha ordenado que llegue bendición a tu jefe por medio de ti. Declara la bendición con sinceridad, y entonces observa cómo Dios obra de maneras milagrosas en la vida de tu jefe, en el ambiente de tu lugar de trabajo e incluso en tu vida.

¿Quién es el verdadero jefe?

¿Quién es el verdadero jefe, de todos modos? No, no eres tú. Nuestro verdadero jefe es Dios. Él es quien nos da la fortaleza para hacer nuestro trabajo y quien orquesta nuestra vida. Nada nos sucede que esté fuera del conocimiento o el control de Dios. Todo nuestro trabajo lo hacemos para Él. Cuando nos encontremos batallando en una situación en el trabajo con un jefe que nos hace la vida desgraciada, debemos recordar que Dios lo ve, se interesa y tiene el control. Su propósito mayor puede que sea desarrollar contentamiento en nuestro corazón. Con frecuencia, las cosas que roban el contentamiento pueden ser una combinación de cosas que están dentro de nuestro control. "Tres de ellas son *falta de paciencia* (con el tiempo de Dios), *falta de conciencia* (del cuadro completo de Dios), y *falta de habilidades* (para hacer el trabajo que se requiere)".²

Aprendamos a confiar en Dios, que exactamente en el momento correcto Él nos recompensará por nuestro servicio y derribará a los orgullosos. Su tiempo rara vez es el mismo que el nuestro, pero desarrollar contentamiento en las situaciones difíciles cultivará el carácter que necesitamos no solo para atravesar esa situación, sino también para prepararnos para la siguiente. La perspectiva de Dios de nuestra circunstancia es más amplia de lo que podemos entender, y Él sabe que hay más en juego y que se están obrando más cosas de las que nosotras somos conscientes.

"La mayoría de personas tienen problemas aproximadamente con el cincuenta por ciento de sus jefes, así que estás en buena compañía. Recuerda: nunca te quedas con un jefe por demasiado tiempo; él o ella pasarán a otras cosas, o lo harás tú. Puede que sea mejor intentarlo y esperar hasta que esa situación termine; puede que pronto se produzca una reorganización. Intenta aprender de la experiencia".³

Si estamos dispuestas a ser estudiantes, no solo de nuestras relaciones buenas sino también de decidir aprender de las relaciones que son difíciles y precarias, saldremos más fuertes por haber resuelto nuestros problemas. Al final, seremos capaces de ver el bien que Dios produjo y repetir con el salmista: "No a nosotros, oh Señor, no a nosotros sino a tu nombre le corresponde toda la gloria, por tu amor inagotable y tu fidelidad" (Salmos 115:1).

Tenacidad, paciencia y contentamiento construirán un puente relacional incluso con el más difícil de los jefes. Podemos escoger ir arrastrando malos puentes relacionales, o podemos hacer todo lo posible para crear relaciones sanas con la persona que tiene autoridad sobre nosotras. La elección es nuestra.

La conexión Ester

Ester tenía una actitud de sumisión y humildad. Huérfana desde que era niña, fue a vivir a la casa de su primo Mardoqueo, donde fue tratada como si fuese su propia hija. Cuando la llevaron al palacio para entrar en el harén, obedeció la petición de él de no revelar su nacionalidad. No se nos da ninguna indicación de que ella cuestionase la directriz de Mardoqueo, pensando secretamente que era ridícula e innecesaria. Incluso después de haber sido proclamada reina, ella buscó la perspectiva de su primo más mayor y dio un alto valor a su instrucción.

Ester también mostró respeto y honor al rey cuando se saltó el protocolo que debía seguirse: solo los invitados que habían sido llamados podían presentarse ante el rey. Incluso cuando ella temió por su vida, siguió siendo respetuosa por la autoridad del rey sobre ella. Yo creo que fue la humildad de Ester y su respeto por el hombre que no solo era su esposo, sino también el gobernador supremo lo que Dios utilizó para producir el favor del rey. Al final, la bendición llegó a Ester y al reino, no tanto porque ella fuese reina, sino porque era una mujer que sabía cómo responder a los poderes que estaban por encima de ella.

Versículos para el estudio

Colosenses 3:22-25
Romanos 13:1-5
Efesios 6:5-8
Filipenses 2:3-8
Eclesiastés 9:9-10
Mateo 7:12
Marcos 10:31
Génesis 30:25-27
Salmos 115:1
Filipenses 1:27-30

Preguntas para la reflexión

1. ¿En qué maneras ha sido tu corazón beligerante hacia tu jefe y que dio como resultado un trabajo poco entusiasta?

2. Piensa en los jefes que has tenido. ¿Qué crees haber aprendido de esas relaciones? Pide a Dios que use esas experiencias para hacerte más semejante a Jesús.

3. Escribe una oración de bendiciones para tu jefe. Continúa ofreciendo eso a Dios; entonces observa formas en que Dios bendice la relación y el ambiente de trabajo.

# 10

Trabajo con él

Los hombres y las mujeres son diferentes. Títulos de libros muy conocidos dan a esas diferencias una cualidad etérea: *Los hombres son de marte, las mujeres son de venus* o *Los hombres son como waffles, las mujeres como espaguetis*. Desde lo sublime hasta lo ridículo, nuestras diferencias son reafirmadas. Toda la exageración sobre lo diferentes que son los hombres y las mujeres nos lleva con frecuencia por un camino que describe no solo nuestras cualidades únicas, sino que también se convierte en seguida en una discusión sobre superioridad.

Tomemos por ejemplo un sondeo en línea dirigido por British Broadcasting Corporation [Corporación Británica de Radio y Teledifusión]. Pedía a los lectores que pusieran comentarios sobre las diferencias entre hombres y mujeres. Se intercambian comentarios graciosos, pero el más revelador es este comentario de Paul, de Reino Unido: "Los hombres disfrutan de anunciar sus fallos en páginas web de la BBC; las mujeres disfrutan de anunciar los fallos de los hombres en páginas web de la BBC".[1] Parece que nosotras las mujeres podemos adoptar sin ningún esfuerzo la tarea de ser "críticas oficiales de los hombres". Intentaremos cambiar esa tendencia.

Las relaciones con hombres en el lugar de trabajo son una realidad. Rara vez nos encontraremos con un ambiente solo femenino en el lugar de trabajo. Según el Ministerio de Trabajo de Estados Unidos, más del cuarenta y seis por ciento de la fuerza laboral está compuesta por mujeres.[2] En Canadá, la proporción es de más del cincuenta por ciento.[3] En Norteamérica, las estadísticas indican que las probabilidades son prácticamente las mismas de que trabajemos con un hombre o que trabajemos con una mujer. Una enfermera respondió a mi petición de historias sobre trabajar con hombres diciendo que ella no tenía nada que ofrecer porque nunca había tenido un compañero de trabajo varón. Se detuvo cuando se dio cuenta de que había trabajado junto a su esposo en su granja familiar.

Ya sea un factor de naturaleza o de experiencia, a algunas mujeres les resulta más fácil ser entendidas y más liberador trabajar junto a hombres. Dios nos ha creado a cada uno con un conjunto de dones único. Soltar los estereotipos de hombres y de mujeres nos permitirá celebrar nuestra singularidad; la competición y el temor remitirán.

Para aprovechar al máximo esas relaciones en el lugar de trabajo con hombres para que ni obstaculicen el avance en nuestra carrera ni erosionen el bienestar emocional y físico, deberíamos comenzar mirando atrás.

La historia influencia el futuro

Un filósofo chino insistía en montar en su burro hacia atrás para no ser distraído por el camino hacia donde iba y poder en cambio reflexionar en dónde había estado. El pasado era para él una importante fuente de información, conocimiento y sabiduría. Adlai Stevenson dijo: "Puedes trazar tu futuro con mayor claridad y sabiduría cuando conoces el camino que condujo hasta el presente".[4]

Mi experiencia en consejería y mi pasión por la formación espiritual han alimentado mi convicción de que es importante examinar nuestras experiencias del pasado. En mi primer libro, *A Woman and Her Relationships* [La mujer y sus relaciones], ahondé en Isaías 51:1: "Escúchenme, todos los que tienen

Trabajo con él

esperanza de ser liberados, todos los que buscan al Señor. Consideren la piedra de la que fueron tallados, la cantera de la que fueron extraídos". A fin de tener relaciones sanas con los hombres en el lugar de trabajo, debemos examinar las raíces de nuestras actitudes.

Lo primero que un ingeniero debe hacer al construir un puente es estudiar los cimientos. Al entender el terreno sobre el cual se pondrán los cimientos, el ingeniero civil puede crear un puente que tenga en cuenta tanto las fortalezas como las debilidades inherentes de la cantera. A fin de entender nuestras respuestas a las circunstancias actuales y seguir adelante hacia una mayor semejanza a Cristo, debemos examinar nuestras experiencias del pasado y entonces tomar la decisión con respecto a si esas experiencias son un tesoro o una basura. Sin hacer esa distinción, perpetuaremos nuestro pasado.

El siguiente paso importante es relacionar nuestras experiencias del pasado con nuestras actitudes y conductas en el presente. Con frecuencia proyectamos hacia nuestras relaciones presentes nuestros prejuicios y heridas del pasado. Al identificar esas cosas legítimamente, Dios puede darnos la fuerza para dejar atrás el dominio que tienen sobre nosotras.

Es importante recordar que la historia obra del mismo modo para los hombres con quienes trabajamos. Nosotras somos las receptoras de sus respuestas aprendidas hacia las mujeres. Las mujeres con quienes ellos han trabajado a lo largo de los años, sus relaciones con sus mamás y la salud de sus relaciones con sus esposas o novias, tendrán efecto en sus respuestas hacia ti como compañera de trabajo.

Volviendo a la analogía del puente, lo que suceda corriente arriba dirigirá el tipo de puente que es necesario. Para algunos hombres, su relación con mujeres, ya sea en la familia o en un ambiente social, está fuertemente enraizada, y ellos no han sido capaces de descubrir cómo tratar a una mujer como compañera de trabajo. Si tu compañero de trabajo tiene una relación de confrontación con su esposa en la cual gritar es juego limpio,

La mujer en su lugar de trabajo

puede que sea mucho más propenso a trasladar esa conducta al lugar de trabajo. El protocolo relacional dentro del lugar de trabajo significa que los hombres no deberían tratar a una mujer mayor como a una madre, a una de igual rango como a una esposa, o a la nueva contratada como a una hermana pequeña.

Los hombres aprenderán mucho sobre cómo tratar a las mujeres como compañeras de trabajo mediante lo que nosotras les enseñemos. Celia se estaba forjando un nuevo camino en puestos de liderazgo como la primera mujer en un equipo ejecutivo. En su reunión inaugural, su jefe le preguntó si podría tomar notas. Ella se dio cuenta de que los hombres que había en la sala no estaban acostumbrados a tener a una mujer presente en las reuniones a menos que ella fuese una secretaria. Celia tendría que readaptar el modo en que ellos pensaban. En lugar de sentirse contrariada y responder bruscamente, sencillamente dijo: "Lo haré esta vez, pero espero que la responsabilidad sea compartida con otros en la siguiente reunión, o que se traiga a una secretaria". Ella no fue grosera; sencillamente estableció cómo esperaba ser tratada.

Un factor adicional que entra en juego es que, en la mayoría de los casos, nuestros compañeros de trabajo tendrán una esposa o una novia. Aunque la relación sea profesional y no se haya producido nada remotamente inapropiado, puede que seamos consideradas como una "amenaza". La cantidad de tiempo que una compañera de trabajo pasa con ese esposo y las cosas en común profesionales que se comparten desempeñarán su papel a la hora de que se dirijan hacia nosotras la sospecha y el desprecio. Una sabia mujer dijo que cuando ella da toda la atención posible a la esposa en las funciones de la empresa, eso siempre se traduce en una relación más fuerte y más sana con su compañero de trabajo.

El grado hasta el cual seamos conscientes de nuestra propia herencia y de la de nuestros compañeros de trabajo nos posicionará para construir puentes que podrán capear las tormentas relacionales. Nuestro pasado no tiene que dictar nuestro futuro.

Todas estamos en posición de cambiar nuestras actitudes. Hay muchas cosas que no podremos cambiar, pero sí tenemos decisión en el modo en que respondemos. El viejo adagio que dice que el éxito es un diez por ciento de lo que la vida nos lanza y un noventa por ciento de lo que nosotros hacemos con eso se aplica a todas las relaciones.

Diversidad

Cuando sondeé a mujeres con respecto a lo que les gustaba de trabajar con hombres, una de las respuestas más comunes fue que trabajar con hombres creaba un ambiente que era interesante y dinámico. Debido a que hombres y mujeres con frecuencia enfocan las situaciones desde diferentes puntos de vista, las oportunidades de crear soluciones creativas se amplían. Las dinámicas se vuelven vibrantes a medida que se impulsan diversas ideas.

Margarita era la única mujer en un equipo de liderazgo con cinco hombres. Aunque le había tomado años superar su propio sentimiento de inferioridad, la obvia aceptación de sus homólogos varones de su voz igualitaria en la mesa le daba la confianza para hablar con la autoridad que le permitía su experiencia. Ella había aprendido que era su perspectiva única la que le proporcionaba mayor influencia que la de ninguno de los varones que había en este ambiente. Con frecuencia, cuando el equipo se encontraba en un punto muerto, era el punto de vista de ella el que ofrecía la esquiva solución.

No solo los compañeros de trabajo o el equipo se benefician de nuestra perspectiva como mujeres, sino que también existe reciprocidad para las mujeres que trabajan al lado de hombres. Un proverbio muy conocido dice que "el hierro se afila con hierro" (Proverbios 27:17). Existe el potencial para que se produzca un mayor crecimiento personal para las mujeres si ellas escogen aprender de sus compañeros de trabajo varones. Es aquí donde debemos examinar nuestro corazón. Tener un espíritu de humildad y apertura para aprender el modo de pensar de un hombre y cómo responder en situaciones abrirá una puerta para desarrollar fortalezas que de otro modo podrían haber quedado sin explotar. Puede que sea más fácil trabajar al lado de un grupo de mujeres que entienden nuestro sexto sentido oculto, pero al hacerlo, la capacidad para el crecimiento personal y el potencial no alcanzado puede verse frustrada. Trabajar con hombres tiene el potencial de hacer que seamos mejores mujeres si aceptamos el reto.

Decirlo tal como es

Me doy cuenta de que estoy avanzando por territorio peligroso cuando hago generalizaciones, porque la personalidad del hombre dictará con fuerza el modo en que se relaciona con los demás. Una personalidad colérica tendrá tendencia a ser fuerte y demandante. Un sanguíneo tendrá tendencia a ser impulsivo, diciendo lo que hay en su mente y pensando después. Un melancólico en general pensará las palabras que dice y procederá con precisión. Un hombre con personalidad flemática será con frecuencia calmado y pacificador en sus relaciones.

A pesar de estas diferencias, las respuestas que recibí de mujeres en una amplia variedad de ocupaciones reforzó la creencia en que las mujeres tienden a ver a sus homólogos varones como menos calculadores o manipuladores que sus homólogas mujeres. Como lo expresó una mujer: "Los hombres no pueden molestarse en desperdiciar tiempo en arrebatos". Para utilizar otra frase: "Lo que ves es lo que hay". Los hombres tienden a ser considerados más directos y con menos probabilidad de realizar juegos emocionales o utilizar dobles significados en su conversación. Si a los hombres no les gusta algo, te lo dicen. Los hombres pueden tener una viva discusión, pero en cuanto salen de la sala son capaces de darse una palmada en la espalda, irse juntos a almorzar y aparentemente no guardar ningún rencor.

Las mujeres que no se sienten intimidadas por la franqueza de los hombres han aprendido a mantener su terreno, ir mano a mano y soltar; o perdonar y olvidar. Las mujeres que quieren tener fuertes relaciones de trabajo con los hombres deben ser capaces de aprender de ellos adoptando una manera más sana de tratar el desacuerdo o el conflicto que nos permita no tomar las cosas de modo personal y nos ayude a ser más objetivas. El orgullo hace que nos resistamos a aprender de nuestros compañeros de trabajo varones. La beligerancia mina el puente necesario para una relación sana. Ser consciente de los resultados positivos de trabajar junto a los hombres tendrá efecto en tu actitud. Es una trampa relacional decidir considerar a tus compañeros de trabajo de manera negativa. Por otro lado, podemos tener una actitud maravillosamente positiva y aún así tener que enfrentarnos a la realidad de que habrá ciertas peleas debido a la desconexión entre varón y hembra. Echemos un vistazo a algunas de estas duras realidades.

Acoso

Pensé que bien podría comenzar con el peor de los escenarios. Hay hombres y mujeres que pueden hacer que el lugar de trabajo sea irrazonablemente o ilegalmente intolerable. Tratan el lugar de trabajo territorialmente y muestran falta de respeto por los derechos de los demás. La etiqueta de "acosador en el lugar de trabajo" se basa adecuadamente en su conducta. Afortunadamente, la mayoría de lugares de trabajo han recorrido un largo camino a la hora de asegurar el bienestar físico y emocional de todos sus empleados, inclusive tolerancia cero del acoso sexual, físico y emocional.

Denise, una joven carpintera, habló de un incidente en el cual se había quedado en el lugar de trabajo para terminar un proyecto después de que todos los demás en su empresa se habían ido. Cuando estaba recogiendo sus herramientas y preparándose para irse, se dio cuenta de que un grupo de pintores seguían en ese lugar y de que estaban prestándole más atención a ella que a su trabajo. Ella sintió que surgía el pánico en su interior al darse cuenta de que estaban situados entre su camión

La mujer en su lugar de trabajo

y ella. El volumen de sus piropos aumentaba. Ella rápidamente dividió una ruta de escape que la llevaría a través de un patio cercano rodeando a ese grupo de hombres alborotadores. Después de aquella circunstancia, ella aumentó su vigilancia para hacer todo lo posible por protegerse de tales situaciones potencialmente peligrosas en el lugar de trabajo.

Otra mujer, Dafne, se enfrentó al acoso al ser la única mujer en un equipo todo masculino de vendedores en la industria de los comestibles. Para colmo, ella era también la primera mujer de color que estaba en ese puesto. Las burlas y las mofas que comenzaron su primer día en el trabajo solo se intensificaron con el paso del tiempo. Un día, mientras ella estaba arrodillada para montar un expositor, un compañero de trabajo se acercó y se sentó a horcajadas sobre su espalda. Actuando por instinto, Dafne le dio un codazo en la ingle (¡no animes con demasiada fuerza!). A la vez que se inclinaba por el dolor, él soltó entre dientes: "Te voy a eliminar". Ella estaba de pie, lista para enfrentarse a ese gamberro que la había acosado demasiadas veces. En ese momento, su supervisor se interpuso entre ellos y le dijo a ella: "Nunca permitiré que un hombre toque a una mujer. Me ocuparé de esto".

El acoso nunca es aceptable, y nunca es culpa de la víctima. Bajo ninguna circunstancia debería dejarse de denunciar un toque físico o contacto sexual inapropiados, o incluso la amenaza de realizarlos. No debemos permitir que el acoso siga siendo pasado por alto. Nuestra propia seguridad y la seguridad de todas las demás mujeres en ese lugar de trabajo está en juego. Hazle saber al acosador que tú quieres que una conducta específica se detenga. Si no obtienes ninguna respuesta, informa de la situación a tu supervisor y tu representante de recursos humanos.

Chovinismo

El chovinismo, la tendencia de los hombres a tener una creencia prejuiciada de que ellos son superiores a las mujeres, puede ser muy profunda, en particular en ciertas ocupaciones.

Trabajo con él

Teresa, que trabajaba en la gerencia para una empresa de petróleo y gas, dijo que sentía que ella tenía que trabajar mucho más duro para que su voz tuviera una posición igualitaria a la de sus compañeros de trabajo varones. Ella cree que tenía que ser más fuerte, más inteligente y trabajar más duro que sus compañeros de trabajo varones a fin de demostrar su valía ante un liderazgo predominantemente de varones. Si este es el tipo de ambiente en el que trabajas, ¿qué puede hacerse?

En primer lugar, acepta la realidad. Si sencillamente seguimos contrariadas por la desigualdad, terminamos empleando nuestro esfuerzo en resistirnos a la tendencia en lugar de demostrar que es incorrecta haciendo nuestro mejor trabajo. Los grandes egos alrededor de la mesa tienen mucho más temor a ser puestos en evidencia por una mujer que por sus compañeros varones. Al dejarles ver nuestro compromiso con el trabajo en equipo, anticipamos su temor a competir con una mujer. Mantener un enfoque abierto y colaborador dará más resultados que ser competitivas.

En segundo lugar, es importante que encontremos nuestras voces. La mejor definición que he encontrado para describir este concepto bastante abstracto proviene del libro de Nancy Beach, *Gifted to Lead: The Art of Leading as a Woman in the Church* [Dotada para liderar: el arte de liderar como mujer en la iglesia].[5] Ella cita a Jane Stephens, cuya disertación doctoral ahondaba en el tema de la voz femenina. A continuación está la descripción de Jane de encontrar la voz propia:

> La voz tiene dos componentes. Se trata de aprender a estar en contacto, escuchar y confiar en tus propios instintos; se trata de enhebrar el instinto y la experiencia con el punto de apoyo de la expresión clara y definida. Nacida en la intersección de la tenacidad y la certidumbre, requiere tanto presencia como vulnerabilidad... Los líderes precisan encontrar su propia voz, sus mejores recursos, a fin de ser genuinos en medio de su organiza-

ción, y necesitan invitar y acoger la plena presencia de sus colegas. Tener voz es estar plenamente presente, sentir que nos tienen en cuenta y pueden contar con uno, tener algo que decir y ser escuchado. La recompensa de trabajar en una organización en la que todos aportan su voz al trabajo es una medida plena de energía, equilibrio, comprensión y diversión.[6]

Encontrar tu voz no significa hablar más alto, hablar con un tono más profundo o exigir que las cosas se hagan a tu manera. Esas tácticas solo reforzarán una opinión chovinista. En cambio, al aceptar el modo en que Dios nos creó con talentos y competencias únicos, seremos capaces de hablar con una voz clara y segura. Si sentimos la necesidad de degradar a los hombres a fin de elevarnos a nosotras mismas, somos culpables de chovinismo revertido. Toma el camino más amplio. Ten confianza en quién eres en Cristo, y permite que eso discurra en tus relaciones. La confianza obtendrá respeto, y eso combatirá el chovinismo.

Una tercera manera de resistir el chovinismo es ser una mujer de gracia. Ser cortés con alguien que no lo merece tiene el potencial de desarmar las actitudes naturales combativas que los hombres propugnan. Amabilidad, gentileza, bondad, dominio propio y los otros frutos del Espíritu enumerados en Gálatas 5:22-23 desarmarán las opiniones preconcebidas que ellos tienen. Encuentra maneras de dar tranquilidad a los hombres. Sal de la zona de combate. Sé una líder de paz. Sé una mujer de gracia.

El temor a ser demasiado femenina

Raquel había estado en su nuevo puesto solamente seis semanas cuando fue confrontada con un problema empresarial que estaba en conflicto con sus valores personales. Ella sabía que su jefe era un hombre de integridad, y se sentía aceptada por el equipo formado por hombres; sin embargo, temía tener que abordarles con ese problema. No tenía temor a sus refu-

Trabajo con él

taciones; no tenía temor a decir lo que pensaba. Lo que temía era su incapacidad de mantener a raya sus emociones. Cuando entró en la reunión, se propuso que no iba a dar la impresión de ser la típica mujer histérica, llorona y emocional.

Uno de los retos de trabajar con hombres es que podemos creer que debemos dejar en casa nuestra feminidad. Adoptamos la postura de que nuestra feminidad será percibida de manera dispar, o nos amonestamos a nosotras mismas pensando que alguien más competente sería capaz de mantener a raya sus emociones. Cuando brotan las emociones al lado de otras mujeres, tenemos temor a que nos consideren fuera de control, haciendo así que seamos impotentes contra mujeres más fuertes y más maquinadoras. Si mostramos emoción al lado de los hombres, tenemos temor a que ellos lo consideren una debilidad, confirmando que no somos capaces de correr con los hombres en un mundo de hombres. Por tanto, edificamos una fortaleza alrededor de nuestras emociones, no tanto para mantener fuera a los demás, sino para mantener nuestras emociones bajo llave, temiendo que si se escapan tengan el poder de destruir el duro trabajo de presentarnos a nosotras mismas como inquebrantables y competentes.

No solo tapamos nuestra feminidad, sino que también la compensamos en exceso intentando ser asexuales o masculinas. Uno de los pasatiempos de Joy era cocinar. Después de un día estresante en el trabajo, le resultaba relajante llegar a su casa y pasar la tarde horneando. Su contorno de cintura tenía dificultades para acomodarse a este pasatiempo, y por eso ella decidió llevar lo que cocinaba a la oficina. Le resultó desalentador cuando llevó aquellas delicias para compartirlas con los demás y una de sus compañeras de trabajo hizo el despreciativo comentario de que ella debía salir de la cocina, vivir la vida y dejar de ser tan doméstica. Por otra parte, un compañero de trabajo varón comenzó a llamarla "mamá" a pesar de que él era mayor que ella. Otro compañero de trabajo varón hizo el comentario despectivo de que aquello confirmaba que las mujeres fueron

La mujer en su lugar de trabajo

creadas para alimentar a los hombres. Al final, Joy dejó de llevar aquellas delicias, pues parecía que varios de sus compañeros de trabajo eran incapaces de manejar ese aspecto de quién era ella como mujer. Se preguntaba cuáles habrían sido los comentarios si uno de los hombres en la oficina hubiera utilizado de esa manera su talento para cocinar. Ella se cuestionó que él hubiera sufrido el mismo desprecio.

Al trabajar con hombres, asegúrate de no utilizar la emoción de tal forma que se convierta en una herramienta de manipulación. Las lágrimas de cocodrilo nunca son adecuadas, pero permitir que la emoción surja por aquellas cosas en las que creemos firmemente no nos hace ser una empleada menos valiosa, una jefa más débil o una jugadora de equipo incompetente.

Utilizar el poder femenino

Britney tenía solamente doce años cuando descubrió que su cuerpo femenino en desarrollo podría presentarse de tal manera que captase la atención de los hombres. Una vida de promiscuidad no estaba demasiado lejos, y cuando Britney comenzó como camarera bien dotada, se deleitaba mucho en el poder de su belleza.

Puede que consideremos secretamente que no tenemos nada que ver con una camarera que exhibe su escote, pero debemos dejar cualquier sentimiento de fariseísmo. La ropa que escojamos ponernos o nuestras actitudes y actos de flirteo pueden ser una utilización subconsciente del poder sexual. Como una mujer declaró adecuadamente: "¡Debe de ser difícil trabajar profesionalmente con una mujer cuando su escote te está mirando!". Que tengamos la humildad de preguntar a Dios si estamos siendo culpables de utilizar nuestra sexualidad para ejercer poder sobre los hombres en el lugar de trabajo.

Integridad sexual y emocional

Pocas veces se habla del tema de la integridad sexual en el lugar de trabajo. Incluso dentro de nuestras iglesias con fre-

Trabajo con él

cuencia se minimiza o se deja a un lado como algo que realmente no es un problema.

La realidad es, sin embargo, que *existe* un problema. Incluso si nosotras somos buenas mujeres que asisten a la iglesia, ninguna de nosotras es inmune. Las Escrituras dicen: "Si ustedes piensan que están firmes, tengan cuidado de no caer" (1 Corintios 10:12).

El lugar de trabajo se ha convertido en el lugar número uno donde las personas casadas conocen a alguien con quien participan en la infidelidad. El viejo estereotipo sobre el jefe y la joven secretaria que tienen una aventura amorosa se ha visto sobrepasado por un número cada vez mayor de compañeros que tienen relaciones románticas. La infidelidad extramatrimonial o prematrimonial con compañeros de trabajo es común; sucede con frecuencia. Rara vez una mujer se levanta en la mañana con la intención de participar en el flirteo sexual o la actividad sexual con compañeros de trabajo ese día, pero sucede insidiosamente a un ritmo alarmante. Por tanto, ¿qué debemos hacer para mantenernos puras?

La respuesta comienza muy lejos del dormitorio. La pureza sexual en el lugar de trabajo comienza cuando hacemos pequeñas concesiones que por sí mismas parecen insignificantes, pero cuando las reunimos nos llevan a un lugar muy distinto a la integridad sexual. Puede que nos resistamos a tener una aventura amorosa con un compañero de trabajo, pero aún así habremos cruzado la línea de la infidelidad cuando permitimos que nuestras emociones y pensamientos nos impulsen a pensar en él de manera que debería estar reservada solamente para nuestro esposo. Jesús habló directamente de esto cuando dijo: "Han oído el mandamiento que dice: 'No cometas adulterio'. Pero yo digo que el que mira con pasión sexual a una mujer, ya ha cometido adulterio con ella en el corazón" (Mateo 5:27-28). Ese principio se aplica también a las mujeres que miran con deseo sexual a los hombres.

Shannon Ethridge ha escrito un útil libro sobre el tema

La mujer en su lugar de trabajo

titulado *La batalla de cada mujer*, el cual explora la búsqueda de la integridad sexual y emocional. Quiero compartir una parte de su libro que espero que abra tu apetito para leer más. Lo más importante es que dé convicción a tu corazón de que este es un asunto personal que afecta profundamente a nuestras relaciones en el lugar de trabajo.

Te estás subiendo a un auto de cuatro puertas sin compañía. Es avanzada la noche y estás en un barrio peligroso. A fin de sentirte segura, ¿qué es lo primero que vas a hacer cuando te subas al auto? Correcto. Cerrar con llave las puertas.

¿Cuántas puertas cerrarás? Puedes pensar que es una pregunta tonta, pero piénsalo. Si solo cerrases una o dos, o incluso tres, de las puertas, ¿te sentirías segura? Claro que no. Las cuatro puertas deben estar bloqueadas para evitar que entre un intruso indeseado.

Lo mismo es cierto de mantener fuera la tentación sexual indeseada. Esas tentaciones pueden invadir nuestras vidas y finalmente dar a luz al pecado de cuatro maneras. Los pensamientos que escogemos entretener en nuestras mentes pueden influirnos. Las palabras que decimos o las conversaciones en que participamos pueden atraernos hacia senderos impíos y peligrosos. También puede hacerlo el no guardar nuestro corazón para que no participe en relaciones poco sanas. Y cuando permitimos que nuestro cuerpo esté en el lugar equivocado en el momento equivocado con la persona equivocada, podemos ser guiadas hacia la concesión sexual.[7]

Debemos guardar nuestro corazón y nuestra mente en la integridad emocional a fin de tener integridad sexual. Al asegurarnos de que las cuatro puertas están cerradas con llave (nuestros pensamientos, las palabras que decimos, guardarnos contra relaciones poco sanas y mantener nuestro cuerpo fuera de lugares donde no debería estar), podemos ganar esta batalla.

Es importante pensar en lo que nos conduce a esta zona de peligro. ¿Por qué escogemos no cerrar todas las puertas? Buscar atención y aprobación alimenta nuestra autoestima. Con frecuencia, si hay falta de aprobación intentamos sustituir la atención ilícita para suavizar una necesidad real. Si no recibimos el amor y la atención que deseábamos de nuestros padres, puede que sintamos una profunda necesidad de recibir de algún modo esa atención de otras fuentes.

Darlene recuerda cuando era pequeña y trabajó muchas horas en un proyecto de ciencias que le hizo ganarse la mejor nota de su clase. Cuando llegó a su casa para mostrarle a su padre y profesor las buenas notas bien merecidas, la respuesta de él fue fría, señalando simplemente que ella podría haber estado más al corriente en las estadísticas que había utilizado. Ella recuerda salir de su oficina con un sentimiento de desaliento porque nunca sería lo bastante buena.

Darlene ha llegado a entender que esta necesidad no satisfecha de aprobación de su padre le hace acercarse furtivamente a sus compañeros de trabajo varones. Los elogios y la atención a su competencia han hecho que ella se entregue emocionalmente a estos hombres. Ella se da cuenta de que se derrite como la mantequilla en respuesta a las buenas palabras y los elogios que sus colegas varones le hacen.

Ana se da cuenta de que está en la zona de peligro cuando un compañero de trabajo varón hace un comentario sobre lo bien que ella se viste. No son necesarios demasiados comentarios de este hombre en su departamento sobre lo particularmente hermosa que ella se ve ese día o que parece tener cierto resplandor a su alrededor para que ella comience a escoger la ropa que se pone basándose en el deseo de hacer surgir elogios por parte de él. El terreno resbaladizo aumenta por la falta de aprecio que su esposo muestra hacia esta misma ropa que ella se

La mujer en su lugar de trabajo

pone. Estas mujeres puede que no hayan sido capaces de tener satisfechas sus necesidades emocionales por parte de su padre o su esposo, pero ambas están en posición de detener su búsqueda inadecuada e incesante de afirmación por parte de compañeros de trabajo varones.

De mi estudio de las personalidades y el efecto que tienen en los matrimonios, he observado una tendencia. El peligro para nuestros matrimonios rara vez es un hombre que tenga una personalidad parecida a la de nuestro esposo. Yo soy *sanguínea* y mi esposo es *melancólico*, y realmente no tengo deseo alguno de tener a otro hombre en mi vida que sea tan distinto a mí. Sé que mi guardia tiene que estar mucho más asegurada cuando estoy al lado de hombres que son distintos a mi esposo y más parecidos a mí. Corro un mayor riesgo con un hombre que sea sanguíneo, porque a él le gusta la diversión, es extrovertido y habla por naturaleza mi lenguaje emocional. Los riesgos para nuestros matrimonios no están limitados solo a personalidades parecidas; deben mantenerse límites adecuados en todo momento con todos los hombres, sin importar cuáles sean sus personalidades. Nuestra inclinación natural anhela lo contrario, pero si queremos seguir los caminos de Dios debemos guardar nuestro corazón y nuestra mente para proteger nuestros matrimonios.

La sexualidad que Dios nos ha dado tiene un increíble propósito que es bueno y satisfactorio dentro de los límites adecuados del matrimonio. Fuera del matrimonio, es destructiva. No juegues con fuego. Puede que salgas ilesa algunas veces, pero llegará la destrucción. Nunca he conocido a una mujer piadosa que haya llegado al final de su carrera y haya dicho: "¡Ojalá hubiera tenido esa aventura amorosa! La vida realmente habría resultado mejor".

No. La voz de la experiencia grita lo contrario. Protégete a ti misma. Salva tu carrera. Honra el templo de Dios, el cual es tu cuerpo. Mantén a raya las pasiones que recorren tu cuerpo. El lugar de trabajo no es lugar para las aventuras amorosas: ni sexuales ni emocionales.

Trabajo con él

Entonces, ¿cómo hacemos eso? Debemos permitir que Dios examine nuestro corazón. El rey David conocía muy bien el resultado de los malos pensamientos. Su falta de integridad emocional condujo al acto de pecado en su aventura amorosa con Betsabé. Al confesar su pecado, él escribió: "Examíname, oh Dios, y conoce mi corazón; pruébame y conoce los pensamientos que me inquietan" (Salmos 139:23). Nuestro intento de ocultar nuestros pensamientos y motivos a Dios no tiene sentido; Él ya los conoce, y nos ama y quiere lo mejor para nosotras. Abrirte a Dios y permitirle que Él te infunda su amor te dará la fuerza para alejarte de ese camino de pecado.

Un siguiente paso debería ser el de confesar nuestra batalla ante nuestro esposo. Esto puede ser increíblemente difícil. Puede que tengamos temor a su respuesta, o puede que deseemos protegerle del dolor. Estas pueden ser preocupaciones válidas; pero en última instancia, si queremos tener un matrimonio que sea sano, necesitaremos la responsabilidad que conlleva el ser sinceros. Desdichadamente, muchas mujeres no tienen el nivel de confianza o de apertura en sus matrimonios que les permitiría sentirse seguras al hablar de esa batalla. Como mínimo, debemos tener alguien de confianza con quien podamos sincerarnos. Necesitamos poder hablar con alguien que nos haga rendir cuentas de una norma más alta, en lugar de alguien que se compadezca hasta el punto de aprobar nuestros actos.

Finalmente, debemos establecer límites y práctica. Has de saber cuáles son nuestros límites y no moverlos. Elena se sentía atraída por un compañero de trabajo y disfrutaba de su amistad mutua. A medida que su amistad fue profundizando, ella fue cada vez más consciente de lo que sucedía en su corazón durante los almuerzos que compartían. Ella sabía que estaba andando por terreno peligroso y se propuso reforzar los límites que preservarían la integridad emocional. Pensó bien cómo iba a responder la próxima vez que almorzaran juntos. Cuando se reunieron en el restaurante, dándose ella cuenta más tarde de

La mujer en su lugar de trabajo

que era parte del problema, ya que parecía una cita y los dos estaban casados, ella extendió su mano para darle un sincero apretón y utilizó su mano izquierda para apoyarse en su hombro y evitar que él la abrazase. También estaba preparada para hacer un claro comentario de que había decidido guardar todos sus abrazos para su esposo. La primera vez fue un poco extraña, pero ambos lo tomaron a risa. Simplemente al mencionar a su esposo, ella mostró que quería estimar el lugar que ocupaba su esposo en su vida y establecer nuevos límites más estrictos. La incomodidad que Elena sintió aquel día fue mucho más fácil de la que podría haberse desarrollado si ella hubiese permitido que sus sentimientos no se mantuviesen a raya.

Podrías pensar que este fue un ejemplo bastante extremo, pero otra mujer, alta ejecutiva en una empresa multinacional, y la única mujer en ese nivel ejecutivo, tuvo que situar en su lugar salvaguardas cuando hacía viajes de negocios. Era su costumbre unirse a los "muchachos" cuando ellos salían a cenar, pero tomó la decisión al principio de su carrera de evitar llegar a participar en el jolgorio que caracterizaba las reuniones después de la cena. Sí, ella regresaría a una habitación de hotel vacía y, sí, preferiría haberse quedado y disfrutar de la diversión, pero sabía que podría verse en un compromiso si se quedaba.

Ya sea que necesitemos establecer límites más estrictos en nuestros pensamientos y emociones o que necesitemos cambiar nuestras relaciones con nuestros compañeros de trabajo varones, nuestras relaciones serán más sanas como resultado. Las Escrituras nos exhortan a no tener siquiera una insinuación de inmoralidad sexual. "Que no haya ninguna inmoralidad sexual, impureza ni avaricia entre ustedes" (Efesios 5:3). No nos rebajemos a las normas que nos rodean y que nos harían abrir la puerta a relaciones que no son puras en actos o pensamientos. Necesitamos seguir firmes ante una norma muy alta. Algo menos que eso no corresponde a una hermosa mujer creada a la imagen de Dios y amada apasionadamente por Él.

La conexión Ester

Ester era parte de una sociedad dominada por hombres en la cual el poder del imperio persa estaba en manos del rey, sus consejeros varones y su mano derecha: Amán. Cuando Vasti, la predecesora de Ester, se negó a mostrar su belleza femenina delante del rey Jerjes y sus invitados, fue destituida como reina. Y sin embargo, fue la feminidad de Ester lo que Dios utilizó para situarla en el papel donde Él quería que estuviera para "un momento como este". Los encantos femeninos de Ester y su belleza hicieron que hallase favor delante del rey.

Me resulta interesante que Ester utilizase el ámbito de su feminidad para invitar a Jerjes y a Amán a un banquete que ella había preparado y en el que revelaría la destitución del pueblo judío y su herencia judía. Ella podría haberse sincerado en la corte real, o podría haber esperado para reunirse con el rey en el dormitorio real, pero en cambio operó sin reparo alguno desde su feminidad.

Señoras, no descartemos o minimicemos el hecho de que Dios nos ha llevado a cada una a ser una mujer en nuestro lugar de trabajo. Si Él hubiese querido a un hombre, habría escogido a otra persona. Tener miedo a ser todo aquello para lo cual Dios nos creó, sintiendo que debemos de ser menos o diferentes de lo que es nuestro verdadero yo a fin de trabajar al lado de hombres, disminuye el efecto que podríamos tener. Seamos una Ester, la cual, aunque estaba rodeada por hombres poderosos, fue plenamente una mujer y fue plenamente usada por Dios.

La última palabra

Podría haberse escrito un libro entero sobre el tema de trabajar con hombres, pero he intentado condensarlo en un capítulo. A medida que investigaba, escuchaba historias de mujeres y meditaba en este tema, volví a darme cuenta de que aunque trabajar con hombres puede que tenga sus retos únicos, realmente se reduce a lo siguiente: si queremos tener relaciones sanas en el lugar de trabajo, tenemos que aprender a construir los puentes apropiados hacia estos hombres. ¿Y cómo hacemos eso? Sé una líder en tu lugar de trabajo tratando a los hombres que te rodean con respeto y gracia, incluso si no se lo merecen. Tenemos la oportunidad de ser un conducto de la gracia y el amor de Dios en nuestro lugar de trabajo, o podemos escoger dejar a un lado esos dones de Dios y volvernos poco femeninas, maquinadoras o irritantes. Sé una mujer de integridad en cada relación, y al hacerlo enseñarás a los hombres con quienes trabajas cómo quieres ser tratada.

Versículos para el estudio

Isaías 51:1
Proverbios 27:17
Gálatas 5:22-23
2 Samuel 11
1 Corintios 10:12-13
Mateo 5:27-30
Salmos 139:23-24
Efesios 5:3-7

Preguntas para la reflexión

1. ¿Qué experiencias has tenido al trabajar al lado de hombres? ¿Qué impresiones positivas de trabajar con hombres acumulaste? ¿Qué sucedió durante aquellas experiencias que haya afectado negativamente tu punto de vista sobre trabajar con hombres?

2. ¿Acentúa tu sexualidad la ropa que llevas al trabajo? ¿Observas para ver si tu feminidad es un atractivo para los hombres con quienes trabajas? ¿Cómo respondes al flirteo?

3. ¿Hay cambios en tu actitud y en tus actos que deberían hacerse de modo que puedas ser una mujer de integridad en tu relación con tus compañeros de trabajo varones? ¿Cuáles son esos cambios?

11

Trabajo con ella

"Preferiría trabajar con diez hombres que con una mujer". Estas palabras reflejan desdichadamente un sentimiento compartido comúnmente por las mujeres. Me hace preguntarme qué sucede en los corazones de las mujeres que haga que sea tan difícil trabajar con ellas. ¿Por qué nos resulta difícil construir relaciones sanas en el lugar de trabajo con otras mujeres?

Antes de ahondar en los retos de trabajar al lado de mujeres, es importante observar que las compañeras de trabajo no son siempre nuestras enemigas. A veces pueden llegar a ser nuestras mejores amigas. Muchas mujeres a las que entrevisté hablaron de colegas que les daban apoyo y aliento, y que hacían que su lugar de trabajo fuese una experiencia verdaderamente agradable. Edificar relaciones sanas con las mujeres con quienes trabajamos puede llegar a convertirse en uno de los mayores gozos relacionados con nuestro empleo. Incluso si amistades profundas y duraderas no son el resultado, nuestra meta debería ser tener relaciones que sean agradables a Dios y sanas.

El énfasis de este capítulo es considerar construir relaciones sanas con otras mujeres incluso si la relación es menos que ideal. La experiencia susurra a nuestro subconsciente que otras mujeres puede que no sean dignas de confianza, que son nuestras

La mujer en su lugar de trabajo

rivales, y por eso debemos protegernos o promovernos a nosotras mismas. Las mujeres utilizan muchas tácticas para protegerse a sí mismas emocionalmente de los rivales percibidos en el lugar de trabajo.

Poner en cuarentena al enemigo

Cuando se descubre que un paciente en el hospital tiene una bacteria fuerte, el portador es puesto en cuarentena para aislar y erradicar el problema. Nosotras las mujeres hacemos esto unas con otras. Si una compañera de trabajo es percibida como una amenaza, una de las maneras más eficaces de disminuir su efecto es aislarla. Puede que no seamos capaces de restringir sus movimientos de entrada y salida de nuestro lugar de trabajo, pero sin duda somos capaces de crear barreras emocionales manteniéndola fuera de las conversaciones, los mensajes de correo o incluso las actividades de grupo. Entonces simulamos ignorancia para falsificar nuestra inocencia.

Hacemos la evaluación de que una colega se ha infiltrado en el círculo íntimo para beneficio de su propia posición. Cuando ella entra en la sala de personal, sencillamente la ignoramos dándole la espalda, bajando nuestras voces y evitando el contacto visual. Ella rápidamente capta que no es bienvenida en nuestra charla en el comedor. Puede que incluso levantemos muros entre nosotras mismas y aquellas de quienes hemos llegado a creer que son en cierto modo distintas de nosotras. Sin embargo, puede que sean muy similares a nosotras y muestren cualidades que a nosotras nos gustaría tener. O no nos gustan o las consideramos una amenaza, así que las ponemos en cuarentena en nuestra vida y nuestro corazón.

Bárbara había recibido un ascenso deseado por mucho tiempo, pero llegó a costa de las relaciones. Durante varios años, ella había trabajado largas horas al lado de otras dos ingenieras en su departamento. Bárbara habría descrito su relación como parecida a la hermandad. Pero cuando se anunció que ella había obtenido ese ascenso e iba a convertirse en la líder del nuevo equipo, se erigieron muros entre ella y las "hermanas". Ella veía a las otras dos salir juntas a almorzar, dándose cuenta de que no le habían invitado. Se desarrolló una frialdad entre ellas. Los celos alimentaron la idea de que ahora ella estaba al otro lado y se había convertido en un adversario en lugar de ser una amiga.

Un depredador anda suelto

Cuando ves la palabra *depredador*, probablemente pienses en un animal carnívoro que quiere devorar a su presa. O quizá tengas imágenes de un varón acosador, que se esconde entre los arbustos esperando a saltar sobre un viandante inocente. Amplía esa definición para que incluya a mujeres que utilizan sus palabras para matar la reputación de una compañera de trabajo. Esta fue una de las razones más frecuentes y enfáticas que dieron las mujeres para no querer trabajar con otras mujeres. Calumnias, traiciones y murmuración corren a sus anchas en el lugar de trabajo, y las mujeres parecen ser las principales culpables.

La calumnia se produce cuando alguien hace una afirmación falsa y difamatoria sobre otra persona. Es una de las ofensas que debemos evitar en los Diez Mandamientos (Éxodo 20:16). Cristo lo denominó asesinato: "Han oído que a nuestros antepasados se les dijo: 'No asesines. Si cometes asesinato quedarás sujeto a juicio'. Pero yo digo: aun si te enojas con alguien, ¡quedarás sujeto a juicio! Si llamas a alguien idiota, corres peligro de que te lleven ante el tribunal; y si maldices a alguien, corres peligro de caer en los fuegos del infierno" (Mateo 5:21-22).

Silvia sabía que era incorrecto hacer una deducción tan maliciosa sobre la recepcionista, pero la justificó racionalizando que solo había insinuado la incorrección de esa mujer. Desdichadamente, cuando las palabras salieron de su boca vio que iban cobrando velocidad, y poco después había una oleada de reacciones contra esa mujer inocente. Lamentándolo mucho, a Silvia le habría gustado poder retirar aquellas palabras que habían sido dichas con enojo y envidia, pero una vez que salieron de su boca,

La mujer en su lugar de trabajo

ella nunca pudo deshacer el efecto asesino que tuvieron en el carácter de su compañera de trabajo causado por su calumnia.

La calumnia se produce cuando atacamos a alguien injustamente, en especial de manera solapada o engañosa. Ronda había dejado su puesto como enfermera de confianza en urgencias pero había regresado, después de haber pasado nueve años en casa con sus hijos pequeños, como alumna de un curso de actualización en una unidad médica. Se sentía abrumada por todo el aprendizaje; peor aún era el ambiente degradante e insolidario creado por la plantilla "veterana" de personas mucho más jóvenes. El temor a la incompetencia rodeaba a Ronda a medida que observaba las burlas y escuchaba los comentarios despectivos que cortaban como cuchillos. Se preguntaba qué dirían de ella cuando no estuviera cerca.

El chismorreo, que es hablar o rumorear sobre los asuntos privados o personales de otros, puede parecer un primo manso comparado con estas dos otras formas de conversación maliciosa, pero su naturaleza insidiosa y predominante en el lugar de trabajo hace que sea igualmente peligroso. El chismorreo se ha convertido en un medio aceptado de crear lazos afectivos entre mujeres.

En su libro *Mean Girls All Grown Up* [Chicas malas ya adultas], Hayley DiMarco dice lo siguiente del chismorreo:

> Para las mujeres, el chismorreo es la moneda que nos compra un lugar en el corazón de otra mujer. Crea lazos afectivos. Ya conoces el sentimiento. Cuando le dices a una amiga algo que has oído o has visto y sabes que no deberías repetir, sientes que las endorfinas recorren todo tu cuerpo, casi dándote un pequeño zumbido. Es un sentimiento estupendo, y las dos se convierten en hermanas del alma.[1]

DiMarco sigue diciendo que el chismorreo se ha convertido en el arma preferida de difamación contra otros.

El chismorreo les hace sentirse bien y a otros sentirse mal; es un arma perfecta que contiene placer y a la vez dolor. Sus poderes destructivos son más fuertes de lo que pudiera ser nunca su placer.²

Las Escrituras dicen lo siguiente sobre el chismorreo: "Los rumores son deliciosos bocaditos que penetran en lo profundo del corazón" (Proverbios 18:8). "El chisme separa a los mejores amigos" (Proverbios 16:28).

Autopromoción

Cuando nos sentimos amenazadas, una de las tácticas que probamos es impulsarnos a nosotras mismas hacia una posición más elevada. El ego, proveniente de ese impulso interno por ser reconocidas y estar satisfechas, es una de las fuerzas más fuertes en la vida. Al intentar elevar nuestra posición, clamamos por levantarnos por encima de nuestros compañeros de trabajo, pero al hacerlo con frecuencia derribamos a alguna otra persona. Nuestra meta rara vez es allanar el campo de juego; más bien, la meta se convierte en sacar del campo a la otra persona. La autopromoción se convierte en el medio por el cual hacemos eso.

Las Escrituras lo describen como: "[ser] egoístas… [tratar] de impresionar a [otros]" (Filipenses 2:3). Versiones más tradicionales utilizan la terminología "contienda o vanagloria".

Joseph M. Stowell ofrece esta explicación de *vanagloria*: "La palabra *vanagloria* viene de dos palabras griegas que significan 'vacío y gloria'. Vanagloria es la glorificación del vacío, la promoción de nuestra 'vacuidad'".³

Exaltarnos a nosotras mismas se amplía a medida que experimentamos la euforia de sentirnos mejor o más estimadas de lo que verdaderamente somos. El orgullo es un amo que tiene un apetito voraz, que siempre quiere estar por encima. No nos gusta utilizar esta palabra para describirnos a nosotras mismas, pero muchas de nosotras somos culpables de ser fanfarronas, presumiendo de cosas que no hicimos honestamente, o haciendo promesas que no podemos cumplir. De modo similar, cuando presumimos lo hacemos con frecuencia para suscitar comentarios positivos recíprocos. La adulación "pone a otros en deuda con nuestros comentarios positivos sobre ellos".[4] La exageración estira la verdad. Ya sea un pescador o un ejecutivo, hacer que las cosas se vean incluso ligeramente mejores de lo que realmente son nos da una ventaja en la competición.

Estos escenarios de autoprotección, aislamiento, palabras maliciosas o autopromoción, son todos ellos potentes destructores de las relaciones. En efecto, si quieres fastidiar tus relaciones en el lugar de trabajo, en particular con las mujeres, ahora tienes las herramientas para construir una bomba; sin embargo, tengo confianza de que no estés leyendo este libro para aprender a destruir relaciones. En realidad, no necesitamos leer libros para aprender a destruir relaciones; parece que somos bastante capaces en eso sencillamente debido a nuestra naturaleza de pecado que causa estragos en el modo en que nos relacionamos con los demás. Por tanto, ahora que sabemos lo que no queremos hacer, veamos los asuntos del corazón que nos situarán en el camino de construir relaciones sanas.

Somos las autoras

Antes de llegar a ser demasiado farisaicas y comenzar a identificar a todas las mujeres que nos rodean y que son "mezquinas",[5] seamos sinceras con nosotras mismas. Hay veces en que somos nosotras las autoras de la autoprotección, el aislamiento, las palabras maliciosas y la autopromoción.

Yo podría hacer una afirmación general diciendo que es un asunto del corazón, pero sin un mayor examen parece ser una explicación vacía. Si recibimos el diagnóstico de nuestro médico diciendo que tenemos una enfermedad coronaria, debemos echar un vistazo a los patrones alimentarios y de ejercicio que han conducido a este problema de corazón. Eso es lo que necesitamos hacer con respecto a nuestras relaciones, conside-

Trabajo con ella

rando lo que estamos haciendo para contribuir a los problemas de corazón que causan crisis relacionales. Esto debe suceder antes de que podamos administrar la medida correctiva.

Identificar las experiencias a lo largo de la vida que moldean nuestra forma de pensar y de ese modo influencian nuestra conducta no es solamente buena psicología, es considerar la cantera de la cual has sido cortada (Isaías 51:1-2). Mirar nuestro pasado, identificar los patrones de relaciones que perpetuamos y discernir cuáles están conduciendo a la destrucción de relaciones en lugar de construir relaciones sanas es esencial cuando se trata de nuestras relaciones con otras mujeres en el lugar de trabajo. Necesitamos pedir a Dios que nos muestre por qué somos agresivas hacia ciertas mujeres, por qué sentimos que son una amenaza. Cada una de nosotras debe orar: "Examíname, oh Dios, y conoce mi corazón; pruébame y conoce los pensamientos que me inquietan" (Salmos 139:23). Debemos ser capaces de identificar nuestras conductas que contribuyen a las crisis en las relaciones.

Estar del lado receptor

Cada día Jenny se presenta en su puesto como maestra sabiendo que podría estar en el lado receptor de lo que ella denomina una "explosión Betty". Betty tiene la reputación de ser una mujer maliciosa y mezquina que muestra una conducta bipolar. En un momento puede ser agradable y dar un abrazo, y al siguiente uno se encuentra con una helada explosión verbal. Una mañana, Jenny llegó a su clase compartida y encontró dos carteles sacados de la pared y esparcidos sobre el escritorio de Jenny. Cuando Jenny le preguntó si los carteles le habían molestado, la fría respuesta de Betty fue: "Sí", sin ninguna otra explicación. Jenny dio todos los pasos proactivos de preguntar a Betty qué estaba haciendo ella que le causara tanto descontento, y si había algún cambio que se pudiera hacer y que haría que la vida de Betty fuese más fácil. Betty no dio ninguna explicación, sino sencillamente se alejó de la conversación.

A medida que pasó el tiempo, Jenny entendió que el problema no era suyo. Betty tenía tendencia a relacionarse con enojo y egoísmo. Jenny había confrontado el problema, y después tuvo que tomar la decisión de dejar todo intento de cambiar a Betty. Estaba siguiendo el principio bíblico: "Hagan todo lo posible por vivir en paz con todos" (Romanos 12:18). Jenny no podía controlar a Betty, pero sí podía controlar su propia respuesta.

Cuando *ella* es una enemiga

Un enemigo es un oponente cuya hostilidad plantea una amenaza. Durante el tiempo que pasó en la tierra, Jesús estuvo rodeado de enemigos, Satanás inclusive, el enemigo definitivo. Por tanto, ¿qué nos dicen las Escrituras que hagamos con nuestros enemigos? ¿Qué podemos aportar a nuestra relación con un enemigo de modo que la naturaleza erosiva de sus acciones no nos destruya y, en cambio, pueda ser revertida para construir un puente relacional? Nuestra solución tiene cuatro partes, que se resumen en Lucas 6:27-28: "¡Amen a sus enemigos! Hagan bien a quienes los odian. Bendigan a quienes los maldicen. Oren por aquellos que los lastiman".

Ama a tus enemigos.

Aunque había muchas personas que aborrecían a Cristo, sin ser menos los líderes religiosos que deberían haberle apoyado pero en cambio presionaron a la opinión pública para que le matasen, Cristo no les mostró otra cosa sino amor. A veces Él se enojaba cuando hablaba la verdad, pero siempre lo hacía en amor. La evidencia definitiva de su amor fue su disposición a morir en la cruz para que precisamente las personas que le habían enviado allí pudieran ser reconciliadas con el Padre. ¿Hay una evidencia mayor de amor que la de entregar la vida por alguien? ¿Podemos amar a nuestros enemigos de esa manera? No por nosotras mismas.

Amor y odio son antítesis; pero ¿acaso no es eso típico del

Trabajo con ella

reino de Dios? Donde la naturaleza humana le daría la espalda a los enemigos, la naturaleza de Dios es avanzar hacia ese odio y disiparlo con amor. El amor es el enfoque general que somos llamadas a utilizar con nuestros enemigos. Las siguientes tres partes de este antídoto nos instruyen sobre *cómo* podemos mostrar amor.

Haz bien a quienes te odian.

"Si tus enemigos tienen hambre, dales de comer. Si tienen sed, dales de beber" (Romanos 12:20). La bondad desarma la hostilidad. Las palabras de Jesús a sus seguidores fueron: "Pero tú debes ser perfecto, así como tu Padre en el cielo es perfecto" (Mateo 5:48). La parábola del buen samaritano ilustró el verdadero significado de la bondad (Lucas 10:25-37). Vivir una vida que sea generosa hacia otros producirá bondad y benevolencia en el lugar de trabajo.

Bendice a quienes te maldicen.

Cuando bendecimos a alguien, estamos pidiendo a Dios que haga suceder cosas buenas para esa persona. Nuestra condición humana nos diría que devolviésemos mal por mal, pero el camino de Cristo es devolver bendiciones por maldiciones. Cuando tengamos la oportunidad de decir algo desagradable sobre alguien, especialmente alguien que sepamos que ha estado chismorreando de nosotras, podemos escoger encontrar algo bueno que decir de esa persona, o seguir la frase de nuestra mamá: "Si no puedes decir algo agradable de una persona, no digas nada".

Ora por aquellos que te lastiman.

Jesús estaba dando su último suspiro en la cruz, pero sus palabras dieron evidencia de sus enseñanzas. "Padre, perdónalos, porque no saben lo que hacen" (Lucas 23:34). Esteban, mientras era apedreado por su pasión por Jesús, dijo las siguientes palabras mientras le lanzaban piedras: "¡Señor, no los culpes por este pecado!" (Hechos 7:60). Acudir delante de Dios en oración le da la oportunidad de trasplantar nuestro ego herido y darnos un corazón enfocado en Él. Orar también cambia nuestro enfoque hacia Dios en lugar de hacia el maltrato que hayamos recibido a manos o palabras de otros. Se producirá un verdadero cambio de corazón cuando podamos comenzar a orar.

El resultado

Teresa podía ver por su primer día en el departamento que ese ambiente de trabajo iba a ser todo un reto. El supervisor era un empleado de toda la vida que había ascendido por los escalafones y prestaba poca atención a lo que en realidad sucedía en el frente. En su mente, si sus veinte empleadas llegaban al trabajo y hacían que los envíos se realizaran a tiempo, a él no le importaba qué intrigas de oficina se desarrollaran. Mientras él no tuviera que soportar a mujeres que se quejaban en su oficina, el modo en que ellas se relacionaban no era su problema.

Una amigable joven que parecía saberlo todo de todos le enseñó a Teresa el laberinto de cubículos. A medida que pasaban por el espacio de trabajo de cada persona, se hablaba de pedacitos de información. Parte eran útiles sugerencias sobre cómo llevarse bien con esa persona; otros comentarios eran claramente jugosos datos de chismorreo. Cuando pasaron por el escritorio de la esquina, su guía le susurró en voz baja: "Este es el escritorio de Carol. Ten cuidado. No la molestes nunca. Aunque ella está en el mismo nivel que tú y yo, todos, ella inclusive, saben que ella es la verdadera jefa. He descubierto que es mejor mantenerme a distancia".

A medida que Teresa pensaba en esta advertencia, se dio cuenta de que surgían en su interior temor y ansiedad. *¿Seré capaz de mantener las distancias con Carol? ¿Seré capaz de hacer que esté contenta? Simplemente por ser la nueva en la oficina, ¿tengo ya una desventaja y estoy sujeta a sus ataques?* Había muchas situaciones desconocidas que causaban temor.

Lo que Teresa sí sabía era que iba a necesitar la ayuda de Dios

Trabajo con ella

de formas que nunca había experimentado anteriormente. En cierta manera resignada, y a la vez negándose a que se redujera la esperanza, Teresa se propuso acomodar su escritorio. Cerca de su teléfono puso el marco con la fotografía de sus hijos y la frase "Todo es posible para Dios". Sonrió cuando reflexionó en la milagrosa adopción de sus dos hijos que le había demostrado que esto era verdad.

Más adelante aquella tarde, mientras Teresa trabajaba en su primera tarea, una voz tranquila pero intensa habló por encima de su hombro. "Así que eres la nueva. Probablemente ya te hayan hecho el recorrido oficial, pero déjame que te dé un consejo interno. Haz tu propio trabajo, no llegues buscando favores, ocúpate de tus asuntos, y no te molestes en intentar ser nuestra amiga. Ah, y un último consejo: no nos hagas tragarnos tus cosas sobre Dios". Tan rápidamente como había aparecido, se fue.

Teresa se quedó sentada, conmovida y sorprendida por lo que acababa de suceder. La última frase de Carol fue la más desconcertante. ¿Cómo había sabido que ella era cristiana? Se tocó el cuello y se dio cuenta de que llevaba su cadena con la cruz, pero entonces sus ojos miraron el marco de la fotografía, y sintió ganas de llorar. ¿Había sido eso suficiente para desencadenar una respuesta tan fuerte de la persona problemática de la oficina? Teresa se limpió una lágrima en el rabillo de su ojo.

Aquella noche, como era su costumbre, Teresa reflexionó en lo que había sucedido en el día y pidió a Dios que le mostrase en qué le habían agradado sus palabras, actos y actitudes, y en qué le habían entristecido. Inmediatamente vino a su mente Carol. El Espíritu Santo puso en el corazón de Teresa la impresión de que el temor que estaba experimentando era una respuesta natural a sucesos desconocidos de un adversario desconocido, y que Él la llamaba a vivir una vida que venciese ese temor. Al recordar un versículo: "el amor perfecto expulsa todo temor" (1 Juan 4:18), Teresa oró para que Dios le mostrase maneras y le diese oportunidades de mostrar amor a todas sus compañeras de trabajo, pero especialmente a Carol.

La mujer en su lugar de trabajo

A medida que las semanas se convirtieron en meses, Teresa era el blanco de muchas prácticas e insinuaciones injustas. Fue acusada de ser una "benefactora" que era demasiado blanda con los clientes. Aunque su trabajo había sido declarado ejemplar cuando el supervisor la evaluó, era ridiculizado y cambiado cuando pasaba por sus colegas, causando que tuviera que hacer trabajo extra. Teresa inicialmente había intentado mostrar interés en las personas haciendo preguntas y celebrando quiénes eran y lo bien que realizaban sus tareas, pero siempre parecía ser rechazada. Con todo su ser, quería permanecer en su escritorio y almorzar a solas, pero sentía el suave impulso de Dios de acudir al comedor. Si ella era excluida de la conversación, significaba que tendría más tiempo para orar por las mujeres que le rodeaban.

Si Teresa hubiera estado intentando mostrar bondad y bendición a sus compañeras de trabajo por su propia voluntad, habría vacilado aquella primera semana. A medida que oraba pidiendo fuerza y amor, comenzó a observar algunos cambios en sus "enemigas". Al principio parecía que aumentaban la burla, el ridículo y el antagonismo, pero Teresa estaba firme en que había sido situada en ese trabajo "para un momento como este". No iba a quedar atrapada en su red de negatividad, ni tampoco iba a permitirles que arruinaran su trabajo.

Algunas mujeres que también fueron marginadas por Carol y sus amigas comenzaron a acudir a Teresa buscando ánimo. Inicialmente, intentaron hacer partícipe a Teresa de bromas pesadas dirigidas hacia Carol, pero Teresa no participaba. En cambio, encontraba cosas positivas que decir sobre la calidad del trabajo de Carol y su puntualidad. Cuando alguien comentó que ella "sin querer" había sido dejada fuera de la hoja de registro para el almuerzo, Teresa le restaba importancia y les daba a sus "enemigas" el beneficio de la duda. Estaba decidida a ir a trabajar cada día y relacionarse con sus compañeras de trabajo de manera que agradase a Jesús. De camino al trabajo oraba para poder ser el mismo tipo de compañera de trabajo que Jesús sería si Él fuese una mujer en esa oficina.

Trabajo con ella

Un beneficio adicional que Teresa experimentó fue una promesa hecha por Jesús en Mateo 5:45. Cuando les estaba diciendo a sus discípulos que amasen a sus enemigos, introdujo la siguiente afirmación: "De esa manera, estarás actuando como verdadero hijo de tu Padre que está en el cielo". Teresa pudo ser testigo de ello. A pesar del ambiente tóxico de su oficina, ella tenía paz y gozo. Había días en que aborrecía enfrentarse a las pruebas relacionales, pero también se daba cuenta del crecimiento que se producía en su propia vida. Su confianza y dependencia de Dios nunca habían sido tan fuertes. Ella destacaba en sus responsabilidades de trabajo, y su interés y preocupación por sus compañeras de trabajo era estimulante en lugar de ser agotador. Ella se había enfrentado a su enemiga, no en un intento agresivo de aniquilarla, sino más bien ganando la guerra con amor.

Un acontecimiento en la vida de Carol cambió la trayectoria de esa oficina y a las personas que allí trabajaban. Cuando su hija se vio envuelta en un grave accidente de tráfico, Carol terminó perdiendo tres semanas de trabajo. Teresa vio aquello como parte de la respuesta a su oración. No, ella no había estado orando para que a Carol le atropellase un autobús, sino que había orado para que sucediera algo significativo para que Carol pudiera experimentar verdaderamente el amor de Dios. Por tanto, Teresa se propuso inundar la vida de Carol de bondad, bendición y amor.

Teresa fue la primera en ir a sus compañeras de trabajo, particularmente a aquellas que habían sufrido la maldad de Carol, y sugerir que se ocupasen de la carga de trabajo de Carol durante este período. Varias de las mujeres se quedaron boquiabiertas de que fuese Teresa, la de menor rango ante los ojos de Carol, quien iniciase aquella bondad.

Cuando se descubrió que Carol estaba pasando día y noche en el hospital y que sus dos hijos más pequeños estaban batallando por mantener las cosas al corriente en casa, Teresa organizó las cosas para que les llevasen comidas a su casa.

La mujer en su lugar de trabajo

Cuando Carol finalmente regresó a trabajar y se filtró la información de que las facturas médicas habían sobrepasado la cobertura de su seguro, Teresa vio aquello como otra oportunidad para bendecir a su compañera de trabajo, y envió un sobre para que las mujeres pudieran hacer aportaciones para ayudar a aliviar esa carga financiera.

Hacía un tiempo que Carol había regresado al trabajo, pero se veía desaliñada. Una mañana, mientras Teresa estaba orando por Carol, se le ocurrió una nueva manera de bendecirla. Le compró un certificado de regalo para un spa y lo puso en el bolsillo del abrigo de Carol con una nota escrita a máquina para que no pudiera identificar su escritura. "Has pasado dos meses muy difíciles. Disfruta de tu masaje".

Después del almuerzo, la familiar voz tranquila e intensa habló por encima del hombro de Teresa. "¿Por qué lo has hecho? ¿Por qué has sido tan amable conmigo cuando yo he sido tan mezquina contigo?".

Teresa tomó un segundo para enviar una oración hacia el cielo pidiendo dirección, y mientras se giraba en su silla, miró el marco de su fotografía: "Para Dios todo es posible".

"Desde mi primer día aquí, he sabido que no te caía bien. No sabía por qué, y en realidad eso no importa. Sé que hay una razón para que yo esté en este trabajo, y tiene que ver con algo más que solamente el trabajo. Estoy aquí para mostrar amor y bondad a quienes me rodean. No negaré que ha habido veces en que tú has hecho que me resultara difícil venir a trabajar, pero he seguido viniendo y he seguido orando por ti y por cada una de las mujeres de este departamento. Cuando tu hija sufrió el accidente, lo consideré una oportunidad para mostrarte bondad en tu momento de necesidad. Ningún plan oculto, solamente amor".

Teresa podía ver el brillo en los ojos de Carol que traicionaba su aspecto duro. Con labios fruncidos y a la vez temblorosos, Carol dijo un simple "gracias" y después se fue. No hubo expresiones externas, ni abrazos, ni ninguna afirmación de que

Trabajo con ella

el amor de Teresa hubiera cambiado su vida. Solo un simple gracias, y sin embargo Teresa sabía que Carol había sido cambiada. El amor de Dios había entrado en su corazón, y ella no sería nunca la misma.

Desde aquel día en adelante, aunque el duro aspecto de Carol seguía intacto, su corazón fue diferente. Las burlas disminuyeron, las insinuaciones crueles cesaron, y ella parecía estar más contenida. Cuando Teresa dejó aquel empleo dos años después, no había cambiado gran cosa exteriormente. Carol siempre había mantenido a raya a Teresa; nunca habían tenido una conversación de corazón a corazón, pero Teresa se fue sabiendo que su presencia había tenido efecto en esa oficina y en los corazones de sus compañeras de trabajo de manera muy significativa. La única herramienta que construye relaciones eficazmente con las personas difíciles es el amor de Dios. "Tres cosas durarán para siempre: la fe, la esperanza y el amor; y la mayor de las tres es el amor" (1 Corintios 13:13).

La conexión Ester

En las Escrituras se hacen solo dos referencias a las relaciones de Ester con otras mujeres. La primera se produce cuando ella es llevada al palacio y puesta bajo el cuidado de Hegai, el eunuco que estaba a cargo del harén. Se nos dice que Ester agradó a Hegai y se ganó su favor; y él le asignó siete doncellas elegidas del palacio del rey y la trasladó a ella y a sus doncellas al mejor lugar en el harén (Ester 2:9).

Por esta parte de la narrativa sabemos que es probable que Ester estuviera rodeada de mujeres. Había otras mujeres con quienes ella competía para ganar la atención del rey, y también tenía mujeres que estaban a sus órdenes para satisfacer sus necesidades y hacer que ella fuese lo mejor que pudiera ser.

Imagina que nosotras estuviéramos en ese escenario. Representa una receta para la traición, la calumnia, la envidia y toda conversación maliciosa. Aunque no se nos da indicación alguna en cuanto a cómo evolucionaron esas relaciones entre mujeres, la segunda referencia a la relación de Ester con las mujeres señala hacia el hecho de que ella se había elevado por encima de esta tendencia femenina.

Después de que Mardoqueo convenciese a Ester de que debía presentarse ante el rey con la esperanza de salvar a la raza judía, ella le dice a Mardoqueo que reúna a los judíos de Susa y pasen los tres días siguientes ayunando y orando. Ella termina su respuesta a Mardoqueo asegurándole que ella y sus doncellas también ayunarían (Ester 4:16).

Incluso si tus compañeras de trabajo no tienen las mismas creencias que tú, ¿has construido relaciones con ellas que te permitirían ser genuina con ellas? Yo creo que ese es el ejemplo que nos da Ester. En su momento de mayor necesidad, ella fue capaz de acudir a sus doncellas y pedirles que se unieran a ella como preparación para presentarse delante del rey. Fue necesaria valentía, pero también fueron necesarios muchos meses de construir confianza de modo que, cuando su necesidad fue grande, los puentes relacionales estaban en su lugar.

Versículos para el estudio
Mateo 5:21-22
Proverbios 18:8-9
Romanos 12:18-21
Lucas 10:25-37
Mateo 5:43-48
Lucas 6:27-28
1 Samuel 1:1-19
1 Juan 4:16-18
Mateo 25:34-46
1 Corintios 13:13

Preguntas para la reflexión

1. ¿Tuviste una hermana con quien te comparabas y siempre te encontrabas por detrás de ella? ¿Te hacía sentir tu mamá que nunca estabas a la altura de sus expectativas?

2. ¿Qué amistades tienes en las cuales gran parte de la conversación trata del aspecto externo y las comparaciones?

3. En tu relación con otras compañeras de trabajo, ¿qué cambios debes realizar para poder amarles, hacerles bien y bendecirles?

12
Hablar de tu fe

Imaginemos que te han dado una nueva tarea. Tendrás que recoger tu oficina, tu casa y tus relaciones y mudarte a Tombuctú. No, no es solo un lugar legendario en el medio de la nada; es una ciudad actual en Mali, África occidental. Te han asignado que vivas entre los tuareg, una tribu nómada del desierto, más conocida por sus tocados y manadas de camellos. Establecerás tu negocio en la zona, empleando a obreros locales, comiendo en los restaurantes locales y uniéndote a la Cámara de Comercio de Tombuctú. Tu misión es aprender todo lo que puedas sobre la cultura tuareg a fin de poder amar a las personas de modo eficaz. No estás allí para intentar hacer que ellos cambien; sencillamente eres llamada a amar. ¿Aceptarás el reto?

Puede que algunas estén intrigadas tanto por el reto como por la aventura de esta oportunidad, pero es poco probable que yo reciba muchas solicitantes para esta tarea solitaria y aislada en África. ¿Cuántas veces has oído a alguien expresar el temor a que si él o ella entrega a Dios el control de su vida, Él podría enviarle como misionero a África? El pensamiento de dejar atrás el agua caliente y los inodoros puede ser un obstáculo tan grande como tener que decir adiós a unos padres ancianos en el aeropuerto.

La mujer en su lugar de trabajo

¿Y si te dijera que tu tarea no es ir a África, sino que simplemente te están pidiendo que te quedes en tu lugar de trabajo actual? Debes relacionarte con las personas que están en los cubículos que te rodean o con quienes trabajan al lado en la línea de producción. Tu tarea incluye asegurarte de pasar tiempo con sus compañeros de trabajo en el almuerzo, mostrándoles genuino interés y comprensión. En cada oportunidad que tengas, debes mostrar a tus compañeros de trabajo que te interesas por ellos y por lo que sucede en sus vidas. No debes pedirles que cambien sus valores ni su estilo de vida; sencillamente debes mostrar interés sincero y amor auténtico a aquellos con quienes trabajas. ¿Es ese un reto que aceptarás?

Ninguna de nosotras restaría importancia a ir a vivir a África para amar a los tuareg, pero ¿cuántas de nosotras verían el valor de poner en práctica nuestra fe amando a nuestros compañeros de trabajo? Todas nosotras que hemos puesto nuestra fe en Jesucristo tenemos el llamado en nuestra vida de transmitir a otros el amor que Él nos ha dado gratuitamente. Cuando el amor es acumulado, se vuelve un poco apestoso. Si se transmite, se convierte en un aroma hermoso.

La primera enmienda de la Constitución de Estados Unidos decreta que haya separación entre Iglesia y Estado. Esto mismo se ha abierto camino en el lugar de trabajo hasta tal grado que muchas de nosotras sentimos que debemos dejar nuestra fe en la puerta antes de entrar. Ser cristiana puede que no sea políticamente correcto; hablar acerca de nuestra fe incluso puede ser tabú; pero expresar nuestra fe puede significar suicidio en nuestra carrera. Por tanto, ¿cómo podemos mantener las expectativas del lugar de trabajo a la vez que practicamos el mandato de Cristo de ser testigos no solo hasta los confines de la tierra sino también en nuestro lugar de trabajo en "Jerusalén"? (Hechos 1:8).

Creo que la responsabilidad de expresar nuestra fe es un privilegio que se obtiene mediante la autenticidad y el amor. Nadie hace más daño a la causa del cristianismo que quienes siempre están citando la Biblia, los cristianos píos y los predicadores de "fuego y azufre" que utilizan el lugar de trabajo como una plataforma para predicar, en lugar de ser un lugar donde amar con sinceridad. Un Dios condenador presentado mediante una actitud farisaica solamente profundiza la resistencia. El amor de Dios atrae y derriba barreras.

Esto no es un proyecto

Es imperativo que no consideremos a nuestros compañeros de trabajo incrédulos como "proyectos". A muchas de nosotras nos han enseñado que tenemos que conseguir que personas sean salvas. Esto evoca la imagen de empujar a una mula terca hasta un pozo de agua a la vez que musitamos: "Vamos, animal obstinado. Necesitas esta agua".

Probablemente todas nosotras hayamos experimentado que alguien nos empujara a hacer algo por un motivo menos que amoroso. Y es una reacción común resistir en cuanto nos sintamos forzadas a hacer algo. Si un vendedor intenta atraernos diciendo: "¡Tengo una oferta para usted!", inmediatamente nos volvemos escépticas. Eso es lo que sucede con nuestros compañeros de trabajo si sienten que están intentando hacerles tragar el cristianismo.

Debemos comprobar nuestro corazón y examinar nuestros motivos. ¿Estamos simplemente intentando anotar una conversión, o es nuestro deseo amar a nuestros colegas?

Tal vez eso te hace sentir incómoda porque rotundamente no amas a tus compañeros de trabajo. Puede que ni siquiera te caigan bien. En el primer capítulo intercambié las palabras *amor* e *interés/preocupación* y desarrollé la idea de que cuando el amor de Dios es derramado en ti, entonces puede saltar a las relaciones que tienes con tus compañeros de trabajo. Quizá hayas estado operando bajo la suposición de que para amar a alguien debes apreciar todos sus actos.

Cristo nos dijo que amásemos a nuestros enemigos (Mateo 5:44). Solamente intentar con más fuerza llevarnos bien con la gente o intentar mostrarles amor con nuestras propias fuerzas produce un amor artificial. El amor *ágape* es lo genuino. Cuando amamos a otros con el amor ágape originado en Dios, un amor que nos es transmitido *mediante* Cristo, descubriremos que somos realmente capaces de amar de forma sobrenatural a quienes anteriormente desdeñábamos o soportábamos.

Intentar arrastrar a las personas al amor de Dios nunca funciona. "Cuando se trata del lugar de trabajo, no somos llamadas a llevar a personas a Jesús, sino más bien a llevar a Jesús a las personas".[1] Esto puede lograrse solamente con un amor genuino. Ser un canal para que el amor de Dios se derrame por medio de nosotras puede hacer que las personas entiendan que tienen sed espiritualmente, y llegarán buscando la fuente del poderoso amor que nosotras rebosamos.

Cuando el amor de Dios se derrama por medio de nosotras, no contaminado por el juicio, las personas son atraídas a Dios. Se cita a Martín Lutero diciendo: "La maldición de un hombre impío puede sonar más agradable a los oídos de Dios que el aleluya del piadoso".[2] Tú puedes mostrar exitosamente actos de bondad a las personas, pero si tienes un corazón que las juzga, el efecto del amor no perdurará. En cambio, nuestros intentos se parecerán más a un cincel que clavamos en su piel, causando irritación y llagas. Puede que juzguemos sus decisiones en su estilo de vida, su lenguaje colorido, sus modos de entretenimiento o incluso su sed espiritual, y al hacerlo condenamos y ampliamos el abismo que existe entre nosotros. Juzgar no es nuestro papel. Me resulta fascinante que la relación de Jesús con la mujer que fue sorprendida en el acto mismo de adulterio, tal como se registra en Juan 4, termine con Él diciéndole que Él no la condenaba. El Hijo de Dios santo y sin pecado en virtud de su justicia tenía todo el derecho a condenarla, pero no lo hizo. Y tampoco deberíamos hacerlo nosotras. La condenación profundiza el abismo. El amor y la aceptación construyen puentes.

Entrar en las vidas de otros

Corporate Chaplains [Capellanes Corporativos] es un ministerio comprometido a llevar a Cristo al lugar de trabajo. Esos capellanes son contratados por la gerencia de las empresas para que vayan al lugar de trabajo para ofrecer asesoramiento y amistad espiritual a los empleados. El capellán se compromete a buscar conversaciones de tres a cinco minutos con cada empleado por semana, que normalmente comienzan sencillamente hablando del tiempo o de los marcadores deportivos: acontecimientos diarios con los cuales todo el mundo puede relacionarse.

A lo largo de las semanas este nivel de relación progresa hacia llegar a preguntar lo que está sucediendo en sus vidas. Bruce Mitchell, director canadiense de Corporate Chaplains, ha indicado que de tres a seis meses después de haberse reunido con los empleados, su conversación con ellos ha cambiado de los marcadores de hockey a asuntos significativamente personales o familiares, como la adicción a la cocaína de un hijo, el embarazo inesperado de una hija o desacuerdos matrimoniales. Cuando escuché a Bruce hablar de las oportunidades que se presentan a Corporate Chaplains, me emocionó por el modo en que Dios podría utilizarnos si comenzáramos a interesarnos de modo genuino en el mundo de nuestros compañeros de trabajo.

Imagina las conversaciones que podrían surgir si preguntaras a tu jefa cómo le fue el fin de semana. Después de su obligatoria respuesta de que fue bien, puedes llevarlo un paso más lejos para mostrar un mayor interés en ella preguntando: "¿Qué hiciste?". Me doy cuenta de que si nunca le has preguntado por su fin de semana anteriormente, este podría ser un inmenso paso. Quizá necesitarás dar pasos más pequeños, pero cada pequeño paso de interés genuino pronto conducirá a descubrir más cosas sobre ella. Ella sentirá que tienes interés, y los seres humanos responden al interés. El amor que el interés comunica se convierte en un imán que es difícil de resistir.

La mujer en su lugar de trabajo

Si lo único que se necesita para que las personas sientan que alguien se interesa por ellas es cinco minutos una vez por semana durante cinco semanas, hemos perdido nuestro argumento de que no tenemos tiempo. Sin duda, tenemos una responsabilidad fiduciaria de no pasar nuestras horas de trabajo en asuntos personales, pero encontrarnos con una compañera cuando vamos hacia el baño o una conversación en el descanso para el café podrían ser una oportunidad perfecta para mostrar interés en alguien. No somos llamadas a meternos en el estilo de vida de nuestros compañeros de trabajo, pero sí necesitamos entrar en sus vidas.

Estar presentes en las vidas de las personas nos proporcionará oportunidades de amar. ¿Qué quiero decir con *estar presentes*? La presencia comienza con estar atentas a las situaciones de otras personas. Es dejar a un lado mi agenda y entrar en su mundo, únicamente con el propósito de entender a esa persona y amarla. Estar atentas también implica "dejar a un lado algunas cosas", como mis intereses y preocupaciones. También exige que yo deje de analizar lo que estoy escuchando o de pensar en cómo responderé; también implica resistir el impulso de resolver los problemas o arreglar cosas que parecen estar rotas.[3] También significa dejar a un lado el deseo de conseguir que una persona sea salva. Simplemente estar presente comunica amor.

Dejar que otros lleguen a tu vida

María Elena había trabajado en su puesto en el gobierno por diez años. Era conocida como una líder fuerte, dura trabajadora, confiable e interesada en la plantilla y los clientes. Ella se tomaba interés en las personas que le rodeaban, y los empleados pedían estar en su equipo. Era inusual para ella faltar al trabajo por enfermedad, así que cuando se anunció que tomaría la baja por enfermedad, los empleados en la oficina se sorprendieron y se preguntaron qué estaría sucediendo.

Comenzaron a surgir suposiciones de que María Elena ten-

Hablar de tu fe

dría una enfermedad u otra, pero cuando finalmente se hizo el anuncio de que la esclerosis múltiple con la que ella había batallado por quince años de repente había dado un giro para peor y el pronóstico no era bueno, todos se quedaron boquiabiertos. ¿Cómo había podido María Elena ocultar su reto de salud de modo tan eficaz? ¿Por qué lo había guardado como un secreto? Las personas comenzaron a preguntarse si había otras cosas que ella también había ocultado al equipo. A medida que se fue difundiendo el chismorreo en la oficina, personas comenzaron a decir lo que sabían de María Elena. Pronto se hizo obvio que la mayoría de personas sabían poco sobre ella aparte de conocer a la persona que ella había mostrado en la oficina. ¿Quién era esa mujer a quien ellos habían llegado a apreciar en el trabajo?

Dos meses después, este mismo grupo de compañeros se unieron para asistir al funeral de María Elena. A medida que familiares y amigos íntimos se pusieron de pie para hablar de ella, aquellos compañeros de trabajo que habían pasado cuarenta horas por semana con María Elena escucharon sobre una faceta de ella que no tenían idea alguna de que existiera. El viaje que ella había hecho a Asia en realidad había sido para trabajar en un orfanato. Se prestaba voluntaria las tardes de los miércoles en un albergue para mujeres. Enseñaba clases de escuela dominical a niños de cuatro años cada semana. El tipo de mujer descrita encajaba con el carácter de la empleada del gobierno a la que ellos conocían, pero nunca habían visto un destello de la verdadera María Elena. Sus compañeros de trabajo quedaron perplejos porque ella nunca había hablado en la oficina acerca de la fe que parecía tan importante para ella fuera de su trabajo. Algunos se fueron de aquel servicio suponiendo que la fe propia debe ser mantenida en privado. Otros llegaron a la conclusión de que la fe de María Elena y Dios no tenían verdadera relevancia en la vida. Y otros se sintieron confirmados en su enfoque de poner en compartimentos su relación con Dios.

La historia de María Elena es trágica, porque ella perdió una importante oportunidad de vivir una vida plenamente

La mujer en su lugar de trabajo

integrada que habría llevado su fe a su lugar de trabajo, habría afectado a muchas personas a lo largo del camino y habría ampliado el efecto de su legado. La decisión de María Elena de mantener en privado su vida personal y su fe fue considerada legítimamente por sus compañeros de trabajo como una falta de hablar de sí misma, y en esa carencia ellos vieron una retención de amor. Ella perdió su oportunidad de ser una Ester que había sido llevada a aquella oficina de gobierno para un momento como este: para ser un canal del amor de Dios hacia sus compañeros de trabajo.

Si María Elena hubiese puesto en práctica la directriz que Cristo dio de amar a otros e implicarnos en sus vidas, piensa en el efecto añadido que podría haber tenido en sus compañeros de trabajo.

> La siguiente es otra manera de expresarlo: Ustedes son la luz del mundo, como una ciudad en lo alto de una colina que no puede esconderse. Nadie enciende una lámpara y luego la pone debajo de una canasta. En cambio, la coloca en un lugar alto donde ilumina a todos los que están en la casa. De la misma manera, dejen que sus buenas acciones brillen a la vista de todos, para que todos alaben a su Padre celestial (Mateo 5:14-16).

La falta de disposición de María Elena a permitir que otros entrasen en su vida evitó que personas se abriesen a Dios. Si tomamos en serio las palabras de Cristo en Mateo 5, podemos estar seguras de que cuando compartimos lo que sucede en nuestras vidas, el Espíritu Santo utilizará eso para impulsar corazones a que se abran a Dios. Nosotras no somos responsables de conseguir que las personas respondan a Dios. Nuestra responsabilidad es ser auténticas sobre lo que está sucediendo en nuestras vidas, inclusive lo que Dios esté haciendo en nuestros corazones.

Autenticidad, no perfección

Una mentalidad farisaica nos haría creer que debemos tener nuestras vidas impecables para presentar un ejemplo perfecto del amor de Dios a fin de atraer a alguien hacia Jesús. Hay dos falacias en ese modo de pensar.

La primera falacia es que nuestro mejor testimonio es una vida que sea perfecta. Yo argumentaría que lo contrario es cierto. Representar perfección crea un abismo relacional; ser auténtica construye puentes. Nuestros intentos de mostrar perfección tienen un efecto negativo en nuestra capacidad de amar a las personas y de transmitir el amor de Dios. Las personas que van de un lado a otro fingiendo ser cristianos perfectos están "en realidad haciendo un grave daño. Están perpetuando el mito de que los cristianos son mejores que nadie, y alejan a quienes verdaderamente necesitan recibir el amor y el perdón de Dios".[4] Al ser auténticas con las personas en cuanto a nuestras batallas y nuestros fracasos, otros descubrirán por qué necesitamos a Dios en nuestras vidas y estarán dispuestos a ver que quizá ellos también tienen necesidad del amor y el perdón de Dios.

En la economía de Dios, todo está boca abajo. "Menos es más. Más bajo es más alto. Peor es mejor. Más débil es más fuerte. Mostrarle a nuestro mundo lo peor de nosotros va a hacer más servicio al evangelio que mostrarle al mundo lo mejor de nosotros".[5] No estoy sugiriendo que vayamos por ahí presumiendo o sensacionalizando nuestro pecado con la esperanza de fortalecer nuestro testimonio delante de los demás. Sencillamente ser genuinas con quiénes somos, lo que sucede en nuestras vidas y la diferencia que Dios ha marcado en nosotras tendrá un efecto poderoso en aquellos con quienes hablamos.

La segunda falacia es que nosotros atraemos a las personas a Jesús. Incorrecto. Dios atrae a las personas a Él mismo. "Incluso antes de haber hecho el mundo, Dios nos amó y nos eligió en Cristo para que seamos santos e intachables a sus ojos. Dios decidió de antemano adoptarnos como miembros de su familia al acercarnos a sí mismo por medio de Jesucristo... De manera que alabamos a Dios por la abundante gracia que derramó sobre nosotros, los que pertenecemos a su Hijo amado" (Efesios 1:4-6).

Estar vigilante

"Mi tarea no es hacer que suceda algo espiritualmente, sino descubrir lo que Dios ya está haciendo y echar leña al fuego".[6] ¿Has intentado alguna vez hacer un fuego cuando llueve o utilizando madera mojada? Es casi imposible. Nuestra perspectiva de hablar de nuestra fe es que nuestros compañeros de trabajo son madera mojada, porque no tienen interés alguno en Dios o en la religión. Quizá sea cierto que ellos no expresan interés alguno o que incluso han manifestado una aversión a las conversaciones espirituales. Pero en lugar de descartarlos y buscar "madera más seca", echa un vistazo conmigo a nuestras creencias fundamentales. ¿Qué creemos en cuanto al modo en que cada una de nosotras fue creada?

Las Escrituras dicen que fuimos creadas a imagen de Dios (Génesis 1:26), que los requisitos de la ley están escritos en nuestros corazones (Romanos 1:16), y que Dios ha puesto eternidad en los corazones de todos (Eclesiastés 3:11). Dios ha grabado su reflejo en nuestros corazones, y como Dios trata de amor y relación, ese sello actúa como un impulso continuo a tener una relación con Él. Multitudes de personas a lo largo de la historia han pasado sus vidas resistiéndose a ese impulso. A pesar de nuestra resistencia, la repercusión de este sello santo es que Dios el Creador trabaja para atraernos a cada uno hacia Él mismo. Esta atracción puede adoptar la forma de un hermoso amanecer, el nacimiento de un niño, la muerte de un ser querido, o cualquier cosa que parezca mayor de lo que nosotros podemos entender.

Cuando entablamos una relación con las personas en el trabajo y aceptamos el punto de vista de que Dios está obrando en todas las vidas, esto nos hará pasar de una mentalidad de leña seca y leña mojada a una creencia de que ya hay rescoldos encendidos en sus almas. Esta creencia debería suscitar la respuesta de estar vigilantes en busca de oportunidades donde pueda añadirse leña para que el fuego pueda aumentar.

¿Cómo podemos añadir leña al fuego? La oración es lo principal. Si intentamos alcanzar a personas por medio de nuestros esfuerzos humanos, será como si estuviéramos escupiendo al fuego en lugar de añadir leña. "La oración ferviente de una persona justa tiene mucho poder y da resultados maravillosos" (Santiago 5:16). Como en todo lo demás que hacemos, somos completamente dependientes del impulso del Espíritu Santo.

Hace varios años leí una maravillosa novela titulada *The Heart Reader* [El lector de corazones].[7] Cambió mi perspectiva sobre el papel del Espíritu Santo en mis relaciones. En esta novela, el personaje Sam recibe el don de ser capaz de oír el clamor más profundo de las personas. Cuando realiza su ritual diario de desayunar en la cafetería local, al responder al saludo de la camarera se da cuenta de que puede escuchar los pensamientos de su corazón. Oye que ella piensa que un poco de descanso podría cambiar toda su vida.

Al principio se queda perplejo al estar escuchando mucho más de lo que sus labios comunican. Inicialmente se resiste, pero pronto se da cuenta de que es un *don*. La premisa de *The Heart Reader* es que cada uno de nosotros recibe este don en virtud de nuestra conexión con el Espíritu Santo, el cual puede verdaderamente leer el corazón de cada uno de nosotros. Cuando estemos atentas al Espíritu Santo, Él nos dará un destello de las necesidades espirituales de otras personas y entonces nos proporcionará las palabras para comunicarles esperanza.

Al estar atenta al Espíritu Santo y llegar a conocer a tus compañeros de trabajo, Dios te revelará dónde hay rescoldos encendidos esperando ser avivados. Debemos tener cuidado de no suponer que echar una lata de gasolina es la mejor opción. A veces, sencillamente el ligero soplido de una palabra de aliento o un elogio sincero aviva los rescoldos. Sigue el impulso del Espíritu Santo, y puedes estar segura de que el combustible siempre será el adecuado. Si intentamos hacerlo según nuestra propia capacidad, podemos terminar apagando el fuego o creando una llamarada que pronto se apagará. El énfasis debe estar en celebrar lo que Dios está haciendo en sus vidas, y no juzgar lo que tú creas que esas personas están haciendo mal.

¿Estás acumulando y no compartiendo el amor de Dios? Emplea el tiempo y el esfuerzo de amar a las personas con las que trabajas. Implícate en sus vidas; muéstrales interés genuino. Sé auténtica con respecto a lo que sucede en tu propia vida, y permite que las personas vean que eres sincera y que perdonas. El resultado será una oportunidad de hablar con ellas sobre el amor y la esperanza que Jesús te ha dado. El amor de Dios es lo único que podemos dar y no perder nunca. Es un legado que vale la pena dejar.

La conexión Ester

Se podría argumentar que Ester ocultó su fe. Si ella hubiera sido más expresiva al respecto desde antes, Amán nunca habría conseguido que el rey aprobase su plan, y la subsiguiente masacre nunca se habría producido. Yo no pretendo entender la manera de hacer las cosas que tiene Dios, pero sí creo con todo mi corazón que Dios situó a Ester donde ella necesitaba estar en el momento en que necesitaba estar allí. Parte de ese plan implicaba que ella practicase su fe en silencio hasta que llegase un momento en que Él necesitase que ella hablara.

Mardoqueo, el mentor de Ester, más mayor y más sabio, entendía el ambiente de palacio. Como asistente en la corte del rey, él era parte de los acontecimientos de cada día. Las Escrituras no dan una explicación del razonamiento de Mardoqueo para prohibir a Ester que revelase su nacionalidad o su trasfondo familiar (Ester 2:10). Solamente podemos suponer que Mardoqueo debió de haber visto motivos para mantener oculto ese conocimiento. Desde este lado de la historia podemos confirmar que Mardoqueo había sido dirigido por Dios porque Él tenía un plan mucho mayor de lo que nadie podría haber imaginado.

Si Ester hubiera expresado su herencia y su fe al entrar a palacio, las cosas podrían haber resultado de modo muy distinto. Pero Dios tenía planes para Ester, "planes para lo bueno y no para lo malo, para darles un futuro y una esperanza" (Jeremías 29:11). Ester pudo hablar de su fe en el momento adecuado.

¿Cómo supo ella cuándo era el momento adecuado? El momento de Dios no era que ella hablase en el primer banquete. Ella confió en la dirección de Dios y reveló lo más precioso para ella, su fe judía, en el segundo banquete. Ojalá nosotras estuviéramos tan atentas a la dirección de Dios, ¡practicando nuestra fe y hablando según el impulso de Dios! Podemos estar seguras de que el tiempo de Él siempre será el correcto y que los resultados tendrán recompensas eternas.

Versículos para el estudio

Romanos 1:16-17
Mateo 28:16-20
Jeremías 24:6-7
Efesios 1:3-6
Eclesiastés 3:11
Jeremías 29:11
Juan 4:1-42
Santiago 5:16
1 Pedro 3:13-17

Preguntas para la reflexión

1. ¿De qué maneras has vacilado en permitir que tus compañeros de trabajo obtengan una perspectiva completa de quién eres, tu fe en Dios inclusive?

2. ¿Qué te retiene para que te impliques o tomes interés en las vidas de tus compañeros de trabajo? ¿Qué podrías hacer de modo distinto?

3. Acepta el reto de orar pidiendo oportunidades para mostrar amor a tus compañeros de trabajo. ¿A quién tienes en tu vida que te aliente y te haga ser responsable de amar a tus compañeros de trabajo?

Epílogo

Emprendimos este viaje sabiendo que los abismos relacionales que hay dentro del lugar de trabajo pueden ser amplios y numerosos. Ya sea el jefe cuyo débil liderazgo nos tienta a usurpar su autoridad, el empleado flojo que amenaza la productividad, el disfuncional miembro del equipo que no participa, el compañero de trabajo chovinista que hace trizas nuestra feminidad, o la compañera que hace surgir envidia en nosotras; se nos ha dado la tarea de construir puentes relacionales hacia ellos y hacia cada persona con la que trabajamos. Cada puente es único. El pecado erosiona. El amor reconstruye. Los legados piadosos permanecen.

Confío en que a medida que hayas leído estas páginas hayas aceptado el reto de amar a cada persona con la que trabajas. Estamos muy limitadas por nosotras mismas para realizar la construcción; pero puedo asegurarte con confianza que "estoy segur[a] de que Dios, quien comenzó la buena obra en ustedes, la continuará hasta que quede completamente terminada el día que Cristo Jesús vuelva" (Filipenses 1:6).

Si hemos abierto nuestro corazón a Dios, "mediante su divino poder, Dios nos ha dado todo lo que necesitamos para llevar una vida de rectitud. Todo esto lo recibimos al llegar a conocer a aquel que nos llamó por medio de su maravillosa gloria y excelencia" (2 Pedro 1:3). Tenemos a nuestra disposición toda herramienta relacional que necesitemos.

Señoras, cada una de ustedes es una Ester actual. Dios te

La mujer en su lugar de trabajo

ha situado en tu actual lugar de trabajo con un propósito muy concreto. Te suplico que vayas al trabajo cada día con un corazón abierto y con ojos y oídos sintonizados con el propósito que Dios tiene para ti. Vive cada día y entabla cada relación con la convicción de que estás en ese lugar "para un momento como este".

Notas

Capítulo 1

1. Patrick Lencioni, *The Five Dysfunctions of a Team* [*Las cinco disfunciones de un equipo*] (San Francisco: Jossey-Bass, 2002), p. 195. Publicado en español por Empresa Activa.
2. Ibíd., p. 196.
3. Ibíd., p. 197.

Capítulo 2

1. C. S. Lewis, *Mere Christianity,* como se cita en Wayne Martindale y Jerry Root, *The Quotable Lewis* (Wheaton, Ill.: Tyndale House Publishers, 1989), p. 318.

Capítulo 3

1. Robert Feldman, *The Liar in Your Life* [*Cuando mentimos*] (New York: Hachette Book Group, 2009), pp. 14-15. Publicado en español por Ediciones Urano.
2. Dallas Willard, *The Spirit of the Disciplines* [*El espíritu de las disciplinas*] (San Francisco: Harper and Row, 1988), p. 165. Publicado en español por Editorial Vida.
3. David G. Benner, *Sacred Companions* (Downers Grove, Ill.: InterVarsity Press, 2002), p. 51.
4. Henry Cloud, *Integrity* [*Integridad*] (New York: Harper and Row, 2006), p. 31. Publicado en español por Editorial Vida.
5. Stephen R. Covey, *Seven Habits of Highly Effective People* [*Los 7 hábitos de la gente altamente efectiva*]. Publicado en español por Editorial Paidós.

6. John MacArthur, *The MacArthur Bible Commentary* (Nashville: Thomas Nelson Publishers, 2005), p. 555.

Capítulo 4

1. Alister McGrath, *The NIV Thematic Reference Bible* (Grand Rapids: Zondervan Publishing House, 1999), p. 5790.
2. Mary Ellen Ashcroft, *The Temptations Women Face* [*Tentaciones que enfrentan las mujeres*] (Downers Grove, Ill.: InterVarsity Press, 1991), p. 104. Publicado en español por Editorial Vida.
3. Dallas Willard, *Renovation of the Heart* [*Renueva tu corazón*] (Colorado Springs: NavPress, 2002), p. 138. Publicado en español por Clie.
4. Greta Sheppard, *Excuse Me, Your Unforgiveness Is Showing* (Sheppard Ministries, 2003), p. 26.
5. Esta idea fue sacada de una conversación con Greta Sheppard, autora de *Excuse Me, Your Unforgiveness Is Showing*, 9 octubre 2009.
6. MacArthur, *The MacArthur Bible* [*Biblia de estudio MacArthur*], p. 1158.
7. Hayle DiMarco, *Mean Girls All Grown Up* (Grand Rapids: Fleming H. Revell, 2005), p. 91.

Capítulo 5

1. "El legado de Adán en las relaciones" y "el legado de Cristo en las relaciones" fueron términos utilizados por Larry Crabb en su Advanced School of Spiritual Directing in Colorado Springs, julio 2006.
2. Teresa de Ávila, *Interior Castle* (Garden City, N.Y.: Doubleday, 1961), p. 10.
3. <www.parstimes.com/women/women_ancient_persia.html>.

Capítulo 6

1. Ruth Myers, *Christ Life* (Sisters, Oreg.: Multnomah Publishers, 2005), pp. 130-131.

Capítulo 7

1. Lencioni, *The Five Dysfunctions of a Team* [*Las cinco disfunciones de un equipo*], p. vii.
2. Quiero dar crédito por gran parte del material en este capítulo a mi mentor, Florence Littauer, que ha enseñado las "Persona-

lidades" por más de treinta años. Para más información, visita <www.classervices.com> o alguno de los muchos libros escritos por Florence Littauer y Marita Littauer sobre el tema de las personalidades.
3. Tom Rath, *Strengths Finder 2.0* (New York: Gallup Press, 2007), p. iv.
4. Florence Littauer y Marita Littauer, *Succeeding at Work by Solving the Personality Puzzle* (Grand Rapids: Fleming H. Revell, 1992), p. 15.

Capítulo 8

1. Robert Frost, <www.famousquotesandauthors.com>, 15 diciembre 2009.
2. Jim Collins, *Good to Great* (New York: Harper Collins, 2001), p. 20.
3. Ibíd., p. 27.
4. Ibíd., p. 35.
5. Ibíd.
6. Stephen R. Covey, *Principle-Centered Leadership* [*El liderazgo centrado en principios*] (New York: Fireside Books, 1992) pp. 248-249. Publicado en español por Ediciones Paidós.
7. Ibíd.
8. Lisa Haneberg, "Management Craft", <www.managementcraft.com/2008/12/why-managers-is-like-a-gps.html>, 7 diciembre 2008. (Página ya no disponible)
9. Larry Crabb, *Connecting* (Nashville: Word Publishing, 1997), p. 53.
10. Michael M. Lombardo and Robert W. Eichinger, *FYI: For Your Improvement* [*FYI: para su perfeccionamiento*] (Minneapolis: Lominger Limited, 2000), p. 38. Publicado en español por Lominger.
11. Max Lucado, *Facing Your Giants* [*Enfrente a sus gigantes*] (Nashville: Word Publishing, 2006), pp. 133-134. Publicado en español por Grupo Nelson.

Capítulo 9

1. Mike Bonem y Roger Patterson, *Leading from the Second Chair* (San Francisco: Jossey-Bass, 2005), p. 45.
2. Ibíd., p. 133.
3. Lombardo y Eichinger, *For Your Improvement* [*Para su perfeccionamiento*], p. 20.

Capítulo 10

1. <www.news.bbc.co.uk>, 3 septiembre 2009.

2. <www.dol.gov/wb/stats/main.htm>, 3 septiembre 2009.
3. <www.thestar.com/news/gta/article/691396>, 8 septiembre 2009.
4. "Think It Over", *Quiet Moments in the Presence of God* (Bloomington, Minn.: Bethany House, 2005), p. 172.
5. Nancy Beach, *Gifted to Lead* (Grand Rapids: Zondervan Publishing House, 2008).
6. Jane Stephens y Stephen Zades, *Mad Dogs, Dreamers, and Sages: Growth in the Age of Ideas* (New York: Elouda Press, 2003), p. 92.
7. Shannon Ethridge, *Every Woman's Battle* [*La batalla de cada mujer*] (Colorado Springs: WaterBrook Press, 2003), p. 67. Publicado en español por Editorial Unilit.

Capítulo 11

1. DiMarco, *Mean Girls All Grown Up*, p. 22.
2. Ibíd., pp. 22-23.
3. Joseph M. Stowell, *The Weight of Your Words* (Chicago: Moody Press, 1998), p. 48.
4. Ibíd., p. 52.
5. DiMarco, *Mean Girls All Grown Up*, p. 162.

Capítulo 12

1. William Carr Peel y Walt Larimore, *Going Public with Your Faith* (Grand Rapids: Zondervan Publishing House, 2003), p. 77.
2. Martín Lutero, como se cita en Dietrich Bonhoeffer, *Life Together* (San Francisco: Harper and Row Publishers, 1954), p. 9.
3. Benner, *Sacred Companions*, p. 50.
4. John Fischer, *12 Steps for the Recovering Pharisee (like me)* (Minneapolis: Bethany House Publishers, 2000), p. 160.
5. Ibíd., p. 161.
6. William Carr Peel, Walt Larimore, <www.24sevenfaith.com>, 26 marzo 2009.
7. Terri Blackstock, *The Heart Reader* (Nashville: Word Publishing, 2000).

EDITORIAL PORTAVOZ

NUESTRA VISIÓN

Maximizar el efecto de recursos cristianos de calidad que transforman vidas.

NUESTRA MISIÓN

Desarrollar y distribuir productos de calidad —con integridad y excelencia—, desde una perspectiva bíblica y confiable, que animen a las personas a conocer y servir a Jesucristo.

NUESTROS VALORES

Nuestros valores se encuentran fundamentados en la Biblia, fuente de toda verdad para hoy y para siempre. Nosotros ponemos en práctica estas verdades bíblicas como fundamento para las decisiones, normas y productos de nuestra compañía.

Valoramos la excelencia y la calidad
Valoramos la integridad y la confianza
Valoramos el mérito y la dignidad de los individuos y las relaciones
Valoramos el servicio
Valoramos la administración de los recursos

Para más información acerca de nuestra editorial y los productos que publicamos visite nuestra página en la red: www.portavoz.com